Sportreporter Lothar Jeck

Rolf Jeck
Max Pusterla

Sportreporter Lothar Jeck

Fotografien 1918–1948

Christoph Merian Verlag

Für Rosaleen und Nik ...

Die Deutsche Bibliothek – CIP-Einheitsaufnahme
Sportreporter Lothar Jeck : Fotografien 1918–1948 / Rolf Jeck ; Max Pusterla.
- Basel : Christoph-Merian-Verl., 1997
ISBN 3-85616-085-X

Redaktionelle Mitarbeit und Lektorat
Sophia Müller, Pleigne
Konzept
Rolf Jeck, Basel
Gestaltung / Lithos / Layout
Atelier Urs & Thomas Dillier, Basel
Druck
Basler Zeitung, Basel
Einband
Grollimund AG, Reinach/BL

CHRISTOPH MERIAN VERLAG

Inhalt

«Lothar Jeck, ein Sportfotograf der Sonderklasse.»

Zum Geleit

Kaum ein anderer Gesellschaftsbereich vermag derart breites Interesse zu wecken, Menschenmassen zu fesseln und Emotionen zu schüren wie der Sport. Sei es die Eröffnungszeremonie Olympischer Spiele, ein internationales Fussballfinale oder das Endspiel eines grossen Tennisturniers, ein Formel-1-Spektakel, die Ski-WM oder ein Jahrhundert-Boxfight – das (mediale) Echo setzt und sprengt immer wieder neue Grenzen.

Der Sport mit all seinen soziologischen, kulturellen, politischen, medizinischen und wirtschaftlichen Begleiterscheinungen ist im Verlauf dieses Jahrhunderts zu einem zentralen Element unseres Daseins geworden. Anfänglich noch zögerlich, dann immer munterer hat er die Menschheit für sich gewonnen, sie in seinen Bann gezogen. Heute prägt der Sport in seinem ganzen Facettenreichtum Individuen und Gesellschaften gleichermassen. Überdies steht er da als vielleicht erfolgreichstes Mittel der Völkerverbindung und Völkerverständigung.

Eine wesentliche Verantwortung für die globale Verbreitung und Popularität des Sports kommt zweifellos den Medien zu. Waren es in früheren Zeiten vorab die Zeitungsjournalisten, Fotografen und Radioreporter, welche das Sportgeschehen aus aller Welt in die guten Stuben brachten, gesellte sich in den vergangenen paar Jahrzehnten eine Vielzahl von Fernsehsendern dazu. All diesen Vermittlern von Bild und Wort hat der Sport letztendlich wohl seinen Status als weltumspannendes Faszinosum zu verdanken, nimmt man die Hauptverantwortlichen – die Aktiven nämlich – für einmal aus.

Die Aktiven niemals ausgeklammert hat jener Mann, dem das vorliegende Buch gewidmet ist. Im Gegenteil. Mit technischem Geschick und künstlerischem Flair hat er sie immer wieder in den Mittelpunkt seiner bildlichen Aussagen gerückt. Nicht ausschliesslich zwar – dafür erschienen ihm Nebensächlichkeiten viel zu bedeutend –, sondern als integralen Teil eines Ganzen. Genau dieses kunstvolle Verbinden von vermeintlich Wichtigem und vordergründig Unwichtigem hat ihn für mich zu einem der ganz Grossen seiner Zunft gemacht. Die drei Jahrzehnte seines Schaffens, die hier reflektiert werden, geben eindrücklich Zeugnis davon ab. Lothar Jeck, ein Sportfotograf der Sonderklasse.

Bern, im Dezember 1997

Adolf Ogi
Bundesrat

Sport – die ‹schönste Nebensache der Welt›

Max Pusterla

Es gab eine Zeit – sie liegt noch gar nicht so weit zurück –, da war der Sport noch das, was man heute etwas nostalgisch die ‹schönste Nebensache der Welt› nennt. Sport war für die meisten Menschen, die ihn betrieben und denen wir in diesem Bildband begegnen, vornehmlich Hobby, Spiel, Spass und Erholung.

Der aus dem Englischen übernommene Begriff ‹Sport› kam durch den Schriftsteller Hermann Ludwig Heinrich Fürst zu Pückler-Muskau in die deutsche Sprache; er führt zurück auf das lateinische «deportare», das im Altfranzösischen zu «(se) de(s)porter», mit der Bedeutung «sich zerstreuen», «sich vergnügen», und im Englischen zu «disport» = «herumtollen», «sich tummeln» wurde. Aus «disport» entstand die Kurzform «sport», diese heute Länder und Völker übergreifende Bewegung.

Der Bedeutungsinhalt des Wortes umfasst nach wie vor Freizeitvergnügen und Spiel, doch: «Sein charakteristisches Merkmal in unserer heutigen Gesellschaft ist nunmehr das Streben nach Leistung und Leistungsvergleich im geregelten Wettkampf», wie Fritz Pieth, erster Leiter des Instituts für Leibeserziehung und Sport der Universität Basel, 1977 in seiner Habilitationsschrift schrieb.

Bewegung, Körperbeherrschung und Wettkampf haben den Menschen schon immer begeistert. Der griechische Philosoph Platon nahm als Ringer an den isthmischen Spielen teil, und vom später nach Italien ausgewanderten Pythagoras wird berichtet, dass ihm im Faustkampf kein Gegner seiner Altersklasse gewachsen gewesen sei. Sie waren leuchtende Beispiele für den vielzitierten Ausspruch und Wunsch des römischen Satirikers Juvenal: «mens sana in corpore sano»: in einem gesunden Körper (möge auch) ein gesunder Geist (wohnen).

Was den Menschen fasziniert, das möchte er im Bild einfangen, verewigen. Das bezeugen schon die vorgeschichtlichen Felsmalereien, und über die Antike und das Mittelalter bis in unsere Zeit sind aus der Begeisterung herrliche Kunstwerke entstanden. Vor rund anderthalb Jahrhunderten wurde ein neues Medium entdeckt: die Fotografie. Die ersten typischen Sportfotografien sind mehr oder weniger statische Bilder, aufgenommen im Studio oder im Freien. Sie zeigen vor allem starke Männer der Sparten Ringen und Turnen. Um die Jahrhundertwende kam dann immer mehr Bewegung ins Bild, als das Fahrrad zu einem beliebten Sujet wurde.

Zu den ersten Fotografen, die sich hierzulande intensiv und innovativ mit dem Sport beschäftigten, gehörte der Basler Lothar Jeck. Er war begeistert von der Bewegungsvielfalt und herausgefordert von der Möglichkeit, entscheidende Augenblicke eines Wettkampfes im Bild festzuhalten. Sonntag für Sonntag – unter der Woche fand der Sport höchstens in der ‹Turnstunde› oder abends beim Fussballtraining statt – war er auf dem Sportplatz anzutreffen, wo er seine Aufnahmen ‹schoss› oder präziser gesagt: seine Bilder komponierte. Wie nur wenige damals verstand er es, ihnen seine ganz persönliche Handschrift aufzuprägen.

Jeck verschrieb sich der Sportfotografie zu einer Zeit, als ihr noch kaum Beachtung geschenkt wurde. Für die Presse galt Sport in den Jahren vor und während des ersten Weltkrieges noch als Nebensache. Anders als heute, widmeten ihm die Tageszeitungen noch keine eigenen Seiten, und wenn ausnahmsweise doch einmal, dann waren sie aus technischen und finanziellen Gründen nicht bebildert. Selbst im damals schon populären Fachblatt ‹Sport› beherrschte der Text und nicht das Bild die Spalten. Einzig die ‹Schweizer Illustrierte Zeitung› widmete ihm hin und wieder ein Titelblatt mit Grossaufnahmen und einzelne Bildreportagen. Sie wurde schon bald auf den talentierten Fotografen aufmerksam und bot Lothar Jeck dann 1925 einen Dienstvertrag an.

Neben dem Fussball bevorzugte Jeck das Turnen. Bei den Kunstturnern war er in die Geheimnisse der Bewegungsabläufe eingeweiht worden und hatte seine Beobachtungsgabe und das Gefühl für den richtigen Augenblick geschult.

Noch um die Jahrhundertwende war Turnen eine reine Männerdomäne gewesen – wie die mittelalterlichen Turniere, von denen sich der Name ableitet, den der deutsche Turnpionier Friedrich Ludwig Jahn zu Beginn des 19. Jahrhunderts zur Bezeichnung der damals gepflegten Leibesübungen einführte. Selbst in den Schulen war Turnen den Knaben vorbehalten, denn man betrachtete diese Körperschulung als Vorbereitung fürs Militär. Auf Marschieren in korrekter Haltung – Brust raus, Bauch rein – wurde denn auch im 1832 gegründeten Eidgenössischen Turnverein bis weit in unser Jahrhundert hinein grosser Wert gelegt. Die von diesem Verein ausgeschlossenen Frauen gründeten 1908 ihre eigene ‹Damenturngesellschaft› und setzten den strammen Männern ein Gegengewicht, indem sie Anmut und spielerische Leichtigkeit in den Mittelpunkt stellten.

Seit Ende der vierziger Jahre, als Lothar Jeck seine Reportertätigkeit aufgab, hat sich im öffentlichen Sport vieles verändert. Immer verfeinerter wurden die Techniken und die Ausrüstungen, immer härter der Wettkampf, immer mehr Bedeutung mass man dem olympischen Wahlspruch ‹citius, altius, fortius›, schneller, höher, stärker, zu. Vor allem aber hat der Kommerz Einzug gehalten und aus der ‹schönsten Nebensache› eine für viele mehr als lukrative Hauptsache gemacht. Das, was die heutigen Massenmedien als ihres Publikums würdig erachten, hebt sich krass ab vom Sport, wie ihn Lothar Jeck mit Herz und Seele miterlebte und in seinen Bildern vermittelt.

Körperliche Betätigung aus reiner Freude an Bewegung, aus Lust zu spielerischem Kräftemessen hat im Hochleistungssport keinen Platz; ihre Domäne ist der Freizeitsport. Er ist nicht ausgestorben, hat sich aber aus den grossen Stadien und Sportanlagen zurückgezogen ins Private. Und hier nimmt er im Zuge der Verstädterung im Leben des Menschen einen immer grösseren Raum ein: als Mittel, Körper und Geist gesund zu erhalten, aber auch ganz einfach, um sich zu zerstreuen, herumzutollen und sich zu vergnügen – allein, zu zweit, in der Gruppe.

Lothar Jeck – ein Pionier der Sportreportage

Rolf Jeck

Mein Vater Lothar Jeck, wurde am 25. April 1898 in Basel geboren. Hier besuchte er auch die Schulen, bis er als Vierzehnjähriger den Schritt ins Erwerbsleben tun musste. Er fand zunächst Arbeit in einem lithografischen Betrieb und wechselte dann ins Fotogeschäft ‹Dierks›, wo er das Fotografenhandwerk erlernen konnte. Dies geschah nicht so, wie es heute üblich ist, in einer schulbegleitenden Ausbildung, sondern durch Zuschauen und Nachahmen, praxisbezogen und autodidaktisch.

Anfänge an der Freien Strasse

‹Foto Dierks› hatte sich in Basels Innerstadt an der Freien Strasse im ‹Haus Sodeck› niedergelassen. Eine Treppe mit 115 Stufen verband das Ladengeschäft mit zwei Labors, die sich unter dem Jugendstildachstock befanden. Im Vorraum wurde gewässert, getrocknet, geschnitten, sortiert, retuschiert und gelegentlich auch fotografiert. In der grösseren Dunkelkammer mit einer Bodenfläche von 3 x 5 Meter und einer Höhe von 6 Meter fertigte man Kopien, Vergrösserungen und Dias an, und in der kleineren, die knapp 1,60 x 3 Meter mass und an der höchsten Stelle 3,50 Meter erreichte, wurden die Negative und Glasplatten entwickelt. Mittels einer eisernen Türklappe in der schrägen Decke konnte die stark nach Chemikalien riechende Kammer belüftet werden.

Lothar Jecks Vorbild und sozusagen Lehrmeister, der ihn in alle Arbeiten einführte, war ein «netter Österreicher namens Niederwieser». Als dieser 1914 zu Beginn des Ersten Weltkrieges seinen militärischen Stellungsbefehl erhielt, durfte Lothar seine Arbeit übernehmen. Das war für den Sechzehnjährigen die Chance, vom einfachen Assistenten zum zwar unkonventionell, aber effizient ausgebildeten Fotografen aufzusteigen. Die Arbeit machte ihm Freude, auch deshalb, weil er, wie er in seinen Lebenserinnerungen aufzeichnete, «eine liebe Gehilfin, des Meisters Töchterlein», bei sich hatte. Lily Dierks wurde 1924 seine Gattin und tatkräftige Partnerin. Leider verstarb sie allzu früh, im Alter von nur 41 Jahren.

Neben dem Beruf pflegte Lothar Jeck Freundschaften mit Sportlern und Fussballfans. Ihnen ist es zu verdanken, dass er sich für das Sportgeschehen interessierte und in die Geheimnisse der Sportarten eingeführt wurde. Sein Jugendfreund Karl Thummermuth war der Meinung, es gebe in der Schweiz kaum einen Fotografen, der gute Aufnahmen vom Kunstturnen machen könne. Er zeigte ihm, welche Momente eines Bewegungsablaufes wichtig waren, und liess in der Turnhalle erstklassige Turner an den Geräten die verschiedenen Übungen und Figuren vordemonstrieren. Noch ohne Kamera merkte sich Jeck die Augenblicke, die sich für Aufnahmen eigneten, und übte dann an kleineren Vereinssportanlässen mit einem geliehenen Fotoapparat. Er schulte seine Beobachtungsgabe, suchte den richtigen Aufnahmestandort und bemühte sich, ein Gefühl für den entscheidenden Augenblick zu entwickeln.

Lothar Jecks erstpubliziertes Bild (Ausschnitt). 1918.

Der entscheidende Schnappschuss

Und dann gelang dem Zwanzigjährigen an einem Stadtrivalen-Fussballspiel zwischen ‹Old Boys› und dem ‹FC Basel› der erste grosse Schnappschuss. Er ziert die Titelseite dieses Buches.

Animiert durch ein Freundesquartett von Fussballfans, die wegen eines Schiedsrichterurteils bei einem anderen Match in Streit geraten waren, hatte er sich vorgenommen, in Zukunft wichtige Momente fotografisch festzuhalten und zu dokumentieren. Bei einem Penalty, den der Old Boys-Torhüter Walter Grunauer abwehrte, drückte er in dem Augenblick auf den Auslöser, als der Goalie auf die Kamera zulief. Auf dem Foto scheint der Ball nur Zentimeter vor den griffbereiten Händen in der Luft stillzustehen. Torlinie und Pfosten markieren in der Bildmitte eine Senkrechte, so als ob der Betrachter die Position des Linienrichters auf der Torlinie innehätte. Schon im Labor, als sich bei der Entwicklung die Konturen der Aufnahme abzeichneten, wusste Jeck, dass ihm ein sensationelles Bild gelungen war, und er zögerte nicht, die festgehaltene Penaltyabwehr aufs Geratewohl der ‹Schweizer Illustrierten Zeitung› zu schicken. Die Redaktion des Ringier-Verlages griff freudig zu, publizierte die Aufnahme, honorierte den Schnappschuss mit – für damalige Verhältnisse fürstlichen – zwanzig Franken und merkte sich das junge Talent.

Zu jener Zeit gab es in der Schweiz nur wenige Sportfotografen; bei einem Sportanlass waren vielleicht zwei oder drei zugegen. Lothar Jeck beobachtete seine Berufskollegen gut, lernte von ihrer Arbeitsweise. Der etwa zwanzig Jahre ältere Willy Schneider fotografierte mit einer grossen Mentor-Spiegelreflexkamera 13 x 18 cm. Auf dem Bauch liegend verfolgte er das Spiel auf der Mattscheibe. Es schien fast unvorstellbar, dass dem Kollegen mit dieser schwerfälligen ‹Kiste› etwas Vernünftiges gelingen könne, doch aus der klassischen Froschperspektive entstanden phantastische Bilder – immer mit dem Himmel als Hintergrund. Ein anderer ‹modern› ausgerüsteter Reporter war Anton Krenn. Er bediente sich einer zwar auch schweren, jedoch viel beweglicheren Kontessa-Nettel 13x18 cm, mit der er kniend das Spiel direkt im Rahmensucher verfolgen konnte. Dies war Lothar Jecks Traumkamera, und er schaffte sie sich an, mit zwölf Doppelkassetten. Sie wog, zusammen mit den Glasplatten für 24 Aufnahmen, stattliche zwölf Kilogramm.

Einen Belichtungsmesser brauchte Jeck nicht, denn er schätzte die Helligkeit und stellte die Belichtung nach Gefühl ein. Die kürzeste Belichtungszeit war immerhin die Tausendstelsekunde. Auch die Distanzen für die Einstellung der Schärfe schätzte er: Im Laufe der Zeit perfektionierte er diese Fähigkeit auf Zentimetergenauigkeit.

Die Handhabung der Kamera verlangte systematisches Arbeiten. Vor jeder Aufnahme musste eine Kassette eingelegt werden. Dann wurde der Kassettenschieber gezogen und nach der

Belichtung wieder zurückgeschoben. Doppelkassetten mussten für eine Zweitaufnahme gewendet werden. Dabei war Vorsicht geboten, die belichteten numerierten Aufnahmen nicht mit den unbelichteten zu verwechseln. Die Beschränkung des Aufnahmematerials auf maximal 24 Stück pro Reportage zwang zu Sparsamkeit. Vor jeder Aufnahme galt es zu überlegen, ob ausgelöst werden sollte oder nicht – und all dies meist inmitten einer lautstarken Zuschauermasse.

Die Arbeitstechnik war nicht nur wegen der schweren und kompliziert zu handhabenden Kamera anstrengend, sie erforderte auch ein hohes Mass an Konzentrationsfähigkeit und Reaktionsvermögen. Da sich der Reporter bei einem Fussballmatch oft neben dem Tor befand, bestand auch die Gefahr eines Ballschusses auf die Kamera. Sie musste notfalls durch reflexartiges Ausweichen abgewehrt werden. Einmal streifte Jeck der Ball am Kopf, fegte den oberen Teil seines Strohhutes weg, und der Hutrand rutsche ihm über den Hals – zum Ergötzen des Publikums, das in riesiges Gelächter ausbrach.

Typische Gestaltung einer Fotoreportage in den zwanziger Jahren.

Der Schritt in die Selbständigkeit

Neben seiner Tätigkeit als freischaffender Reporter für Tageszeitungen und Zeitschriften mit Arbeitsstellen in Leysin und Zürich arbeitete Lothar Jeck bis zum Jahre 1924 bei seinem Schwiegervater an der Freien Strasse in Basel. Dann machte er sich selbständig und eröffnete einen eigenen Betrieb am Spalenberg 26. Am 1. September 1925 schloss er einen Dienstvertrag mit dem Ringier-Verlag in Zofingen, der ihn verpflichtete, Reportagen jeglicher Art – über soziale, kulturelle und andere Themen – herzustellen. Zum Vertragsabschluss reiste der Chefredaktor der ‹Schweizer Illustrierten Zeitung›, Dr. Brack, extra nach Basel, und bei den Klängen der Tanzmusikkapelle des Stadtcasinos wurde unterzeichnet. Eine der wichtigen Vertragsbedingungen lautete: «Lothar Jeck hat seine Fachkenntnisse als Photograph in den Dienst des arbeitsgebenden Unternehmens zu stellen und die ihm übertragenen Arbeiten nach Weisungen der leitenden Organe der Dienstherrin gewissenhaft auszuführen.»

Dieses Dienstverhältnis als Fotoreporter dauerte bis 1948. Es bedeutete für Jeck die Existenzsicherung für seine Familie und den noch jungen Betrieb. Eingehandelt hatte er sich zwar einen Siebentagesjob, mit Sonntag als Hauptarbeitstag, doch die Arbeit machte ihm Freude.

Von der Vorbereitung bis zur fertigen Aufnahme

Das Geheimnis seines Erfolges war die Leidenschaft für seinen Beruf. Hier konnte Jeck seiner Gestaltungskraft und seinem Sinn für ästhetische Komposition voll Ausdruck verleihen und seine Experimentierfreude, seine Konzentrationsfähigkeit und seine Ausdauer nutzen. Dabei kam ihm die Ernsthaftigkeit, mit der er einerseits dem Wesentlichen nachspürte, andererseits

Nr. 32 / 7. August 1935

Preis 35 Cts.

Schweizer Illustrierte Zeitung

Verlag Ringier & Co. AG., Zofingen. Filialen Zürich, Lausanne.

Der Kampf um sportliche Höchstleistungen

Titelbild, 1935.

jede Aufgabe konkret an die Hand nahm, sehr zustatten. Vor jedem Anlass bereitete er sich sorgfältig vor: machte sich Gedanken zur Fototechnik, studierte Aufnahmestandorte und orientierte sich bei den Organisatoren und im Programmheft über die genaue zeitliche Abwicklung. Der Tagesablauf einer Reportage begann mit der Vorbereitung des Aufnahmematerials: Einlegen der Glasplatten in die Kassetten, Kontrolle und Reinigung der Objektive, bei Nachtaufnahmen zusätzlich Bereitstellen von Stativ, Blitzlichtpulver und Drahtauslöser. Zur Ausrüstung gehörte auch eine angemessene Kleidung, Regenschutz, Presseausweis, Stoppuhr – und das unentbehrliche Notizbuch mit Bleistift.

Seinem Notizbuch mass Lothar Jeck besondere Bedeutung zu. Er notierte darin die Idee, die zu einem Bild geführt hatte, hielt originelle Begebenheiten fest und benutzte es, um anhand der Kassettennumerierung die Namen der abgebildeten Sportler oder den Sieger ausfindig machen und über Ort und Zeit berichten zu können – und zwar möglichst schnell. Deshalb achtete er darauf, dass sein Fahrzeug, zunächst ein Motorrad, später dann ein Auto, vor jedem Anlass aufgetankt wurde und fahrtüchtig bereitstand. Er orientierte sich bei einer Sportveranstaltung frühzeitig über die direktesten Ausgänge und Fahrwege und verliess zum Beispiel einen Fussballmatch immer ungefähr zehn Minuten vor Spielende, um nicht in das Gedränge der Zuschauermassen zu geraten und dabei für die anschliessende Bildverarbeitung kostbare Zeit zu verlieren. In der Dunkelkammer seines Betriebes standen schon die Chemikalien und alles für die verschiedenen Entwicklungsprozesse Notwendige bereit.

Die Lichtempfindlichkeit des Fotomaterials war zu Beginn seiner Tätigkeit sehr gering, umgerechnet in heutige Werte etwa 10 ISO. So war es oft nötig, an die Grenze der Höchsttemperatur zu gehen, die Platten förmlich zu ‹kochen›, und wenn dies nicht ausreichte, sie in ein zusätzliches Verstärkerbad zu geben. Ein Ausschnitt aus seinen Lebenserinnerungen mag einen Eindruck vermitteln von seiner Arbeitsweise und den Problemen, die es zu lösen galt:

«Ich fuhr schon einen Tag früher nach Amsterdam, um das Stadion zu besichtigen und um den Arbeitsplan zu erstellen. Das Stadion war an den Ecken flankiert mit Türmen, von welchen herab ich mir vorstellte, unter anderem schöne Gesamtbilder aufzunehmen. Es folgte ein nasskalter Novembersonntag, der alle meine Pläne durchkreuzte. Der Spielbeginn war um 14.30 Uhr, und durch den dichten Nebel sah man kaum zehn Meter weit. Die anwesenden Fotografen nahmen lediglich die Mannschaften auf und verzogen sich, ohne Bilder zu machen. Ich aber bezog einfach meine Position neben und hinter dem Tornetz, und es war mir klar, dass die Tausendstelsekunde nichts auf die Platte bringen wird, und verlängerte die Belichtungszeit auf 1/250 Sekunde. Es ging hart auf hart. Die

Schweizermannschaft spielte gut. Mein Kameraverschluss knallte drauflos, denn ich wusste, dass mir nur knapp eine halbe Stunde übrigblieb, um mit der schwachen Lichtstärke meines Objektives noch etwas Brauchbares auf die Platte zu bringen. Petrus machte die Jalousien zu und zwang mich, die Arbeit frühzeitig abzubrechen. Mit gemischten Gefühlen, aber ungehindert fuhr ich zum Bahnhof. Dass ich, in Basel angekommen, keine Zeit verlor, die Aufnahmen zu entwickeln, war selbstverständlich. Zu meiner grossen Überraschung sah ich beim Kontrollieren der Entwicklung bei Rotlicht, dass etwas auf den Platten hervorkommt. Der Entwickler war auf Maximaltemparatur erwärmt und ich entwickelte weiter und weiter. Mein Herz klopfte dabei erregt. Für mich war neu, dass es mir gelang, durch den Nebel zu fotografieren. Die Spieler hoben sich silhouettenhaft vom Nebel ab und sahen gespenstisch aus. Bei hellem Licht sah ich dann, dass die Platten zur Kontrasterhöhung noch ein chemisches Verstärkungsbad brauchten. Die Expedition hatte sich gelohnt. Die Arbeit wurde gelobt.»

Die Glasplattenentwicklung barg auch andere Tücken und Gefahren. Als Lothar Jeck einmal ein neues Produkt verwendete, erlebte er, nach seiner gewohnten halbstündigen Essenspause zwischen der Negativ- und der Positivverarbeitung, einen furchtbaren Schrecken: Die Emulsionsschicht auf den Aufnahmen von einer Schützenmeisterschaft war geschmolzen. Der Schmelzprozess verlief vom Rande her gegen das Zentrum hin, wo die Aufnahmen noch erhalten waren. Die Gewehrläufe wirkten verbogen, die Pistolen krumm. Der Zeitschriftenverlag hatte im voraus das Titelbild und eine Doppelseite für den Anlass reserviert.

Da kam Jeck seine Improvisationsgabe, die einem Fotoreporter nicht fehlen darf, zu Hilfe. Sein Blick fiel auf den alten, komplizierten Vergrösserungsapparat, den er selten benutzte, und er vergrösserte extreme Bildausschnitte: ein zugekniffenes Auge, eine Hand mit gekrümmten Fingern am Abzug, das Porträt des Preisträgers ... Aus dieser Erfahrung zog er Nutzen. Er bearbeitete fortan seine Negative, indem er ausgesuchte Bildausschnitte vergrösserte. Seine neue Devise lautete: Keinen Zentimeter überflüssigen Bildraum zeigen. Was beim Vergrössern zu wenig hervortrat, wurde mit der Bildschneidemaschine korrigiert.

Nach der Positivverarbeitung wurden die Fotos auf der Rückseite mit Bildlegenden versehen. Die gesamte Verarbeitungsdauer überschritt im Normalfall kaum zwei Stunden. Für den Ringier-Verlag aufgenommene Bilder einer Sonntagsveranstaltung mussten sofort mit dem Postzug, dem Motorrad oder dem Auto nach Zofingen spediert werden, wo sie noch in derselben Nacht klischiert und gedruckt wurden. Wenige Stunden später, am Montagmorgen, kam die Schweizer Illustrierte Zeitung zur Auslieferung. Fand ein Anlass auswärts statt, so verarbeitete Jeck seine Aufnahmen oft auch direkt im Ringier-Verlag

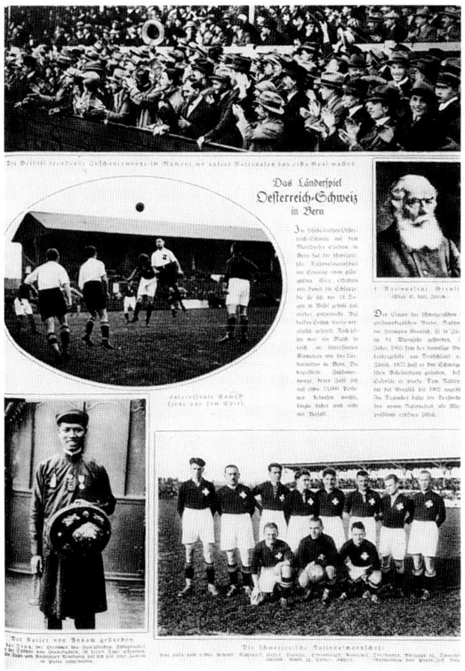
Das Länderspiel Oesterreich-Schweiz in Bern

Fussballreportagen bestanden oft lediglich aus einer Aufnahme der Spieler in Aktion, einem Gruppenbild und einer Publikumsszene. 1925.

in Zofingen. Er übernachtete dort und konnte anderntags auf der Heimfahrt seine sorgfältig im Tiefdruckverfahren wiedergegebenen Fotografien in der Zeitschrift bewundern.

Blitzlichtaufnahmen von einem Anlass auf der Winterrennbahn in der Mustermesse Basel.

Ein explosives Chemikalien-Gemisch

Um 1930 wurde Jeck mit fototechnisch immer heikleren Reportage-Aufträgen konfrontiert mit Innen- und Nachtaufnahmen, für welche Blitzlicht eingesetzt werden musste. Das Blitzlicht bestand zu Beginn aus zwei getrennt verpackten Pulvern; sie wurden vor der Aufnahme gemischt und während der Belichtung mit einem durch einen Feuerstein erzeugten Funken zur Explosion gebracht. Dieses Magnesiumpulver erzeugte einen hellen Lichtblitz, gefolgt von einer dichten weissen Rauchwolke.

Ein für Jeck unvergessliches Zwischenspiel ereignete sich 1935 in der Radrennbahn der Halle 6 der Schweizer Mustermesse in Basel anlässlich der ‹Nacht›, eines Acht-Stunden-Rennens, das auf der hölzernen Winter-Rennbahn stattfand. Jeck wollte den Start des Rennens eindrücklich dokumentieren und hatte sich äusserst gut vorbereitet. Da die Tribünenplätze schon im Vorverkauf ausverkauft waren, liess er sich von den Organisatoren ein zweieinhalb Meter hohes Gerüst aufbauen. Von dort aus wollte er mit einem Stativ seine Aufnahmen schiessen. Seinen Gehilfen plazierte er, ausgerüstet mit den Blitzlichtpulverflaschen und dem Blitzgerät, inmitten der Zuschauermasse. Er hatte den Auftrag, auf ein vereinbartes Zeichen hin beim Startschuss die Blitzladung zu entzünden. Alles war gut erprobt. Der Kassettenschieber der 13 x 18-cm-Kamera war schon gezogen, als – kurz vor dem Startschuss – mit einem grossen Knall die Blitzladung hochging. Was war geschehen? Ein Zuschauer hatte den Gehilfen versehentlich gestossen, und die Blitzzündung wurde ausgelöst: Die Flamme entzündete das Pulvergemisch, die Pulverflasche entglitt der Hand des Gehilfen, sauste wie eine Rakete durch die Luft und zersplitterte auf der Bahn. Genau in diesem Moment fiel der Startschuss – und bei sechs Fahrern entwich pfeifend die Luft aus den Reifen. Heiss und kalt lief es Jeck über den Rücken. Während er sich um seinen Assistenten kümmerte, der, schwarz wie ein Neger, mit dem Schrecken davongekommen war, befreite man die Rennbahn von den Glassplittern. Dann gab es einen neuen Start. Er kostete nochmals zwei Reifen. Nach weiterem sorgfältigem Reinigen konnte der dritte Start schliesslich das Rennen definitiv eröffnen. Das Missgeschick, und die dadurch verursachte halbstündige Verzögerung des Rennens, war für den Fotografen äusserst peinlich. Im nachhinein jedoch wurde es zum ‹Ereignis›, zur Zusatzattraktion.

Das Hantieren mit dem offenen Blitzpulver war nicht nur mühsam, sondern eben auch gefährlich. Zur Ausrüstung gehörte deshalb immer ein Brandlinderungsöl, um die schmerzhaften, durch überspringende Funken entstandenen Brandwunden an den Händen zu behandeln. Als dann die Firma ‹Philips› eine Blitzbirne auf den Markt brachte, wurde das Verfahren einfacher, wenn auch vorerst noch für jede Aufnahme eine neue Birne in das Blitzgerät eingeschraubt werden musste. Die verbrauchte, zunächst glühend heisse Birne wärmte im Winter als Trost für die Mühe die kalten Hände.

Ein weitaus grösseres Problem war die Synchronisation des Blitzlichtes. Zwar konnten Kurzzeitaufnahmen mit Blitzlicht ausgeführt werden, aber nur, indem man den Verschluss mit Hilfe der Einstellungen ‹Ball› (B) oder ‹Time› (T) synchronisierte: Man öffnete den Verschluss, löste den Blitz aus und schloss den Verschluss wieder. Gemeinsam mit seinem damaligen Assistenten Albin Borer und dem Feinmechaniker Alfred Schimpf erprobte Jeck in nächtelangen Tests einen Mechanismus, der als Zusatzteil an die Kamera montiert werden konnte, und es gelang ihm als einem der ersten Fotografen, blitzsynchronisierte Aufnahmen zu machen. Das Testen des Synchronisationsgerätes beschrieb er folgendermassen:

«Vor einer weissen Wand, an welcher Zahlen von eins bis zwölf im Halbkreis aufgezeichnet waren, liess er [Borer] den Gewichtsstein, der an einem Kabel hing, pendeln – und dann wurde in unzähligen Blitzversuchen ausgetestet, wie und wo die Vor- oder Nachzündung sein soll, wenn das Pendel bei der Zahl ‹Sechs› durchschwingt.»

Die Marge dieses selbstentwickelten Synchronisationsgerätes lag bei 1/10 Sekunde für die Verschlusszeit, die Blitzgeschwindigkeit der Birnen bei 1/250 Sekunde.

Neue Techniken für neue Bilder

Ganz neue Möglichkeiten erschloss sich Jeck zu Beginn der dreissiger Jahre mit dem Kauf seiner ersten Rolleiflex, die zwar als kürzeste Belichtungszeit nur 1/300 Sekunde bot, dafur aber mit einem lichtstärkeren Objektiv ausgerüstet war. Über das Spiegelreflexsystem konnte der Fotograf sozusagen unbemerkt um Ecken herum fotografieren und Aufnahmen aus ungewohnten Blickwinkeln machen: die Kamera über dem Kopf haltend aus der Vogelperspektive oder am Boden liegend aus der Froschperspektive. Das Suchersystem, das neben einem Rahmensucher auch eine Mattscheibe hatte, nutzte er, um über Menschenmassen hinweg zu fotografieren. Weitere grosse Vorteile waren das Wegfallen des schweren Filmmaterials, der Glasplatten. Ausserdem hatte Jeck jetzt nicht nur mehr, sondern auch empfindlicheres Filmmaterial zur Verfügung. Auch konnte er mit der bedeutend leichteren Kamera hohen Geschwindigkeiten und schnellen Bewegungen besser folgen und musste dank dem quadratischen Bildformat nicht mehr im voraus überlegen, ob er für Titelbilder die Kamera hochkant oder quer halten sollte, da der definitive Bildauschnitt später in der Dunkelkammer oder an der Schneidemaschine bestimmt

‹Bewegungsstudie›. Aufnahmen von einer Pontonierfahrt auf der Rhone von Genf nach Marseille. 1932.

Typische Rolleiflexaufnahmen mit Rahmensucher und mit Spiegel.

wurde. Das kleinere Aufnahmeformat der Rolleiflex von 6 x 6 cm bot überdies den Vorzug grösserer Tiefenschärfe, als dies beim Glasplattenformat von 13 x 18 cm möglich war. Dadurch erhöhte sich die Toleranz beim Schätzen der Entfernungen. (Die Mehrzahl der in diesem Bildband publizierten Fotografien wurden mit der 6 x 6 cm-Kamera aufgenommen.)

Ab dem Ende der dreissiger Jahre bis zur Aufgabe seiner Tätigkeit als Sportreporter im Jahre 1948 bediente sich Lothar Jeck auch der Kleinbildkamera. Mit Teleobjektiven arbeitete er – im Gegensatz zu heutigen Reportern – kaum; er blieb immer nahe am Sportgeschehen. Eine seiner beliebten und meisterhaft ausgeklügelten Arbeitstechniken für Sportrennen war das Prinzip der ‹fliegenden Kamera›. Durch diese Arbeitsweise gelangen ihm Aufnahmen mit abstrakten Bildeffekten von grosser Schönheit, welche die Dynamik des Geschehens eindrücklich vermitteln. Er fixierte zum Beispiel bei einer Stafette die Sportler im Kameravisier, folgte ihrer Bewegung und drückte ab. So erhielt er die Akteure in gestochener Schärfe und bei vollem Einsatz, während das Publikum verschwommen den Hintergrund bildete. Dies wirkt auf den Betrachter so, als bewege er sich selbst im Renntempo an den Zuschauern vorbei.

Krieg und Nachkriegszeit

Lothar Jecks Ruf als Sportfotograf ermöglichte es ihm, über die Region hinaus in der ganzen Schweiz und im Ausland Sportveranstaltungen festzuhalten, und sein Blick für die Geschehnisse am Rande führten ihn zu mancherlei wichtigen Begegnungen. 1931 durfte er in Begleitung des Chefredaktors der Schweizer Illustrierten Zeitung, Dr. Brack, zum ‹Internationalen Schützenmatch› nach Polen fliegen und dort auch Reportagen über Land und Leute erstellen. Es entstanden eindrückliche Bilder über das Ghetto von Lemberg und den Alltag der Bevölkerung in der Vorkriegszeit. Ein Erlebnis besonderer Art waren die Olympischen Spiele 1936 in Berlin, deren Eröffnung er wie folgt beschrieb:

«In den Strassen, die zum Stadion führten, waren im Abstand von ca. 100 Metern Lautsprecher montiert. Diese, und die verschwenderisch gehissten Hakenkreuzfahnen, fielen mir besonders auf. Ich kam ‹Unter den Linden› gerade im richtigen Moment an, als aus den Lautsprechern vom grossen Festzug zum Stadion berichtet wurde. Die Lautsprecher dienten nicht nur den Olympischen Spielen, sondern auch anderen Zwecken ... Das Publikum stand Spalier, als die Schupo ankam und vor dem Publikum händehaltend eine Kette bildete, und dann kamen die SA und die SS in braunen Hemden und mit Hakenkreuzarmbinden, die dasselbe taten, jedoch gegen das Publikum zugewandt. Der ganze Aufmarsch machte mir den Eindruck, dass mit dieser Kombination ein Attentat ausgeschlossen war. Nach dem Festzug war ich im Stadion und erlebte den Einzug Adolf Hitlers mit seinem Stab. Während des

Absingens des Liedes ‹Die Fahnen hoch› erhoben sich hunderttausend Arme zum Hitlergruss!»

1939, kurz vor Ausbruch des Zweiten Weltkrieges, wurde Jeck von seiner Vertragsredaktion mit einer Reportage zur Eröffnung der Landesausstellung in Zürich, ‹der Landi›, beauftragt. Ins Kameravisier nahm er dabei natürlich auch ein sportliches Ereignis, den Start zu einem Fesselballonwettfahren.

Während des Krieges war die Ausübung der Reportertätigkeit dann durch verschiedene Hemmnisse erschwert. Da gab es die Schwierigkeiten bei der Materialbeschaffung: Ein Grossteil der Fotoindustrie befand sich in Deutschland, und viele Zubehörteile für Kameras und Fotogeräte konnten nicht mehr importiert werden. Ausserdem waren die Fotoreporter gewissen Gefahren ausgesetzt; schon das Aufstellen eines Stativs in unmittelbarer Nähe der Grenze konnte Misstrauen erwecken. Eine weitere Schwierigkeit war die militärische Zensur aller Fotografien vor der Veröffentlichung, was erheblichen Mehraufwand und etliche Verzögerungen mit sich brachte. Die Bilder mussten jeweils an die richtige Kommandostelle zur Überprüfung geschickt werden und wurden erst nach eingehender Prüfung entweder zur Publikation frei- oder eben nicht freigegeben. General Guisan zum Beispiel war sozusagen Kettenraucher. Es durfte aber keine Fotografie veröffentlicht werden, auf der er mit einer Zigarette abgebildet war. Zu den publizierten Bildern gehörte jeweils eine Zensurnummer, die Namensnennung des Fotografen unterblieb.

Nach dem Krieg übte Lothar Jeck nur noch kurze Zeit seine Reportertätigkeit aus. Den Abschluss seiner sportjournalistischen Karriere bildeten die Olympischen Winterspiele 1948 in St. Moritz. Dann zog er sich vom hektischen Betrieb und der grossen Öffentlichkeit zurück und widmete sich ausschliesslich seinem privaten Fotobetrieb, den er gemeinsam mit seiner zweiten Gattin, Magda Gamper, noch bis 1971 führte.

Am 21. September 1983 starb Lothar Jeck – und mit ihm ein Pionier der Schweizer Reportagefotografie.

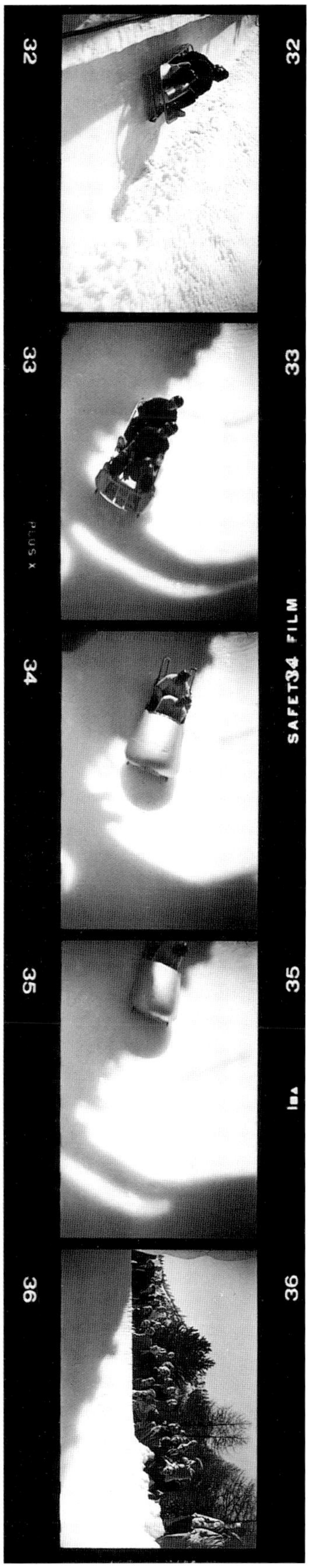

Die Kleinbildkamera im Einsatz. Olympische Winterspiele 1948 in St. Moritz.

Turnen

Noch bevor Lothar Jecks Karriere als Sportreporter begann, hatten sich die nach vollendeter Körperbeherrschung strebenden Kunstturner vom sogenannten ‹volkstümlichen Turnen›, von den heutigen Spielsportarten und der Leichtathletik losgesagt und innerhalb des Eidgenössischen Turnvereins einen eigenen Weg eingeschlagen. 1911 wurde die erste kantonale Kunstturnervereinigung – jene von Basel-Land – gegründet und 1920 der Eidgenössische Kunstturnerverband (EKV) ins Leben gerufen. 1924 beteiligten sich Schweizer Kunstturner in Paris erstmals an Olympischen Spielen, vier Jahre später waren sie in Amsterdam bereits unter den Siegern. Namen wie Georges Miez, Eugen Mack, Hermann Hänggi, Josef Stalder, Michael Reusch, Karl Frei, Hans Eugster und Jack Günthard eroberten die Welt.

Entsprechend hoch im Kurs stand in der Schweiz in den Zwischenkriegsjahren das Geräteturnen. Auch Lothar Jeck war davon begeistert. Er beobachtete die Athleten bei ihren Übungen, studierte Bewegungsabläufe, liess sich wesentliche Details erklären und immer wieder vorführen, machte ‹Trockenübungen› für Bildkompositionen. Aber auch beim Turnen ging es ihm nie allein um den Sport und den Sportler – und hatte er noch so einen klingenden Namen –, er wollte seine Bilder künstlerisch gestalten, ihnen über das objektive Geschehen hinausgehende Aussagekraft verleihen.

Als Ausdrucksmittel stand ihm nur die Schwarzweissfotografie zur Verfügung: das Spiel mit Hell und Dunkel, mit Licht und Schatten. Wie meisterhaft er es beherrschte, fasziniert immer wieder beim Betrachten seiner Bilder.

Hell – dunkel war auch noch bis zu Beginn der siebziger Jahre der Kontrast zwischen turnenden Männern und Frauen. Die Bekleidung der einen war weiss, die der anderen enzianblau. Farbenvielfalt hielt erst 1976 beim Eidgenössischen Turnfest in Genf Einzug in die helvetische Turnbewegung. Die heute modischen enganliegenden, grell-bunten Gymnastikdresses der Damen hätten unsere Urgrossväter noch in helle Entrüstung versetzt.

Aufmarsch *Die ‹Scharen in Weiss› marschieren zu den abschliessenden Allgemeinen Übungen eines Turnfestes auf. Mit dem erhöhten Kamerastandort schafft der Fotograf die Übersicht über das Bildgeschehen, mit der Aufnahme der Turner genau im Moment der vollkommen durchgestreckten Beine erzielt er die höchste Spannung zwischen aktivem und passivem Bildinhalt: zwischen der Bewegung der Turner und der Ruhe der Zuschauer. Um 1928.*

Die Allgemeinen *Höhepunkt jedes Turnfestes sind die Allgemeinen Übungen. Gekonnt hat der Fotograf drei inhaltlich getrennte Bildebenen gestaltet: Publikum, Turner und Stadtkulisse. Um 1928.*

Froschperspektive *Ausschnitt aus den Allgemeinen Übungen eines Turnfest-Programmes. Ihr Ziel ist nicht individuelle Höchstleistung, sondern die Körperschulung in der Gemeinschaft. Um 1928.*

Abgang vom Reck *Auch dem Sektionsturnen, hier an einer Übung am Reck demonstriert, liegt die Idee der Körpererziehung in der Gruppe zugrunde. Es ist eine schweizerische Eigenart und wird im Eidgenössischen Turnverein (ETV) seit etwa 1860 gepflegt. Dieser Aufnahme aus dem Jahr 1936 gingen fotografische Kompositionsübungen mit besonderen Proben voraus.*

‹Eidgenössisches› *Über 22 000 Turner beteiligten sich im Juli 1936 am Eidgenössischen Turnfest in Winterthur; sie verteilten sich auf 929 Sektionen. Rund 100 000 Zuschauer verfolgten die einzelnen Darbietungen. Die Aufnahme zeigt die Sektion Zürich-Riesbach bei der Wettkampf-Arbeit am Barren.*

Weltmeister Eugen Mack *Barrenübung anlässlich des 5. Eidgenössischen Kunstturner-Tages im August 1934 in Basel. Ein erstrangiges fotografisches Gestaltungsmittel ist die Freistellung des Motivs: hier des Turners vor dem hellen Himmel.*

Publikumsmagnet *Idol und Vorbild Eugen Mack am 5. Eidgenössischen Kunstturnertag 1934 in Basel. Später wurde er als Moderator des Frühturnens von Radio Beromünster zum ‹Oberturner der Nation›.*

Die Tausendstelsekunde *Die ‹Tausendstelsekunde› bei der Verschlusszeit ist quasi die Vorläuferin der heute beim Fernsehen so beliebten Zeitlupe. Eugen Mack bei einem Abgang von den Ringen.*

Geometrie *Der nachmalige Olympiasieger Georg Miez anlässlich eines Ausscheidungswettkampfes im Juni 1928 für die Olympischen Spiele von Amsterdam. Gekonnt bezieht der Fotograf den Turner in die geometrischen Formen der Architektur und der Sportgeräte ein.*

Am Pauschenpferd *Die Spannung dieser Aufnahme aus dem Aargauer Kantonalturnfest vom Juli 1935 in Rheinfelden entsteht aus dem Grössenverhältnis zwischen dem Turner an seinem Arbeitsgerät und seiner Konkurrenz im Hintergrund.*

Kommando gilt! *Arrangierte Aufnahmen gehörten zu den Spezialitäten von Lothar Jeck. Für dieses auf der Basler Pruntrutermatte mit dem Margarethen-Kirchlein im Hintergrund entstandene Bild von 1926 hatten die Gymnastinnen auf Kommando des Fotografen ihre Bälle in die Höhe zu werfen, mussten dabei auf gestreckte Körperhaltung achten und durften den Blick nicht zur Kamera wenden.*

Der Jungbrunnen *«Sport im Freien, sofern er nicht in Rekordsucht ausartet, ist ein Jungbrunnen für Frauen jeden Alters und jeden Standes», hiess es im Originaltext zu diesem Bild vom Rhönradturnen. Es stammt aus einer Reportage aus dem Jahr 1933 und ist eine vorausgeplante Bildkomposition: Diagonale und Kreis.*

▶

Leichtathletik

Beobachtenkönnen ist eine Art Erfinden. Den Blick des Betrachters zu öffnen für bisher nicht Wahrgenommenes, noch nie Gesehenes oder nicht Beachtetes, das war zu Beginn der Sportfotografie das Ziel der Pioniere. Es war der Anspruch, aus blossem Handwerk Kunst, aus Momentaufnahmen mehr als Zeitdokumente zu machen.

Anders als die Bildaussagen, ist der objektive Inhalt der in diesem Band enthaltenen Aufnahmen, der Sport, dem Wandel der Zeit unterworfen. Ganz besonders lässt sich dies ablesen an den Disziplinen der Leichtathletik: beim Material, der Ausrüstung, an Stil, Technik und Bekleidung:

Beim Stabhochsprung bediente sich der Sportler früher eines Stabes aus natürlich gewachsenem Bambus, später eines aus Metall; beide waren unbeweglich starr und steif. Heute benützt er einen flexiblen Stab aus Glasfaser. Im Hochsprung wandten die Athleten zu Lothar Jecks Zeiten noch individuell die verschiedensten Techniken an; heute wird nur noch einheitlich über die Latte ‹gefloppt›.

Die Laufdisziplinen wickelten sich auf ‹Laufteppichen› aus Schlacke und Asche ab, die Hürden bestanden aus massivem Holz und mussten zur Vermeidung von Verletzungen hoch – und damit zeitraubend – übersprungen werden. Gestartet wurde aus selbstgegrabenen Löchern: Elektronisch überwachte Startblöcke waren ebenso unbekannt wie die heute üblichen ultraschnellen Kunststoffbahnen.

Auch nach hautengen – und von Jahr zur Jahr kürzer werdenden – Läuferdresses wird der Bildbetrachter vergebens Ausschau halten.

Stabhochsprung *Der Zürcher Adolf Meier verbessert 1928 am Leichtathletik-Dreistädtematch in Basel den Schweizerrekord im Stabhochsprung um fünf Zentimeter auf beachtliche 3,69 Meter. Mit einem starren Bambusstab hisst er sich über die noch mittels einer einfachen Leiter aufs Traggestell gelegte Latte. Die Landung erfolgte in der damals noch üblichen harten Sandgrube.*

Hochsprung *Wohl in keiner leichtathletischen Disziplin wurden in den letzten Jahrzehnten so viele Stilarten entwickelt wie im Hochsprung. Die faszinierenden Aufnahmen dieser Doppelseite sind sport-geschichtliche Dokumente. Basel, Old-Boys-Matte, 1930.*

Tiefenschärfe *Die Sprünge in der Leichtathletik sind für den Fotografen zwar äusserst dankbare Sujets, aber auch eine anspruchsvolle Herausforderung. Als der Autofocus noch nicht bekannt war, galt es im voraus zu bestimmen, an welche Stelle die Bildschärfe zu legen war. Lothar Jeck vermochte die Distanzen fast auf den Zentimeter genau zu schätzen. Hans Stauber, Sieger im Hochsprung am Leichtathletik-Dreistädtematch in Basel, 1929.*

Weitsprung *Auch am Weitsprung ist die technische Entwicklung ablesbar, die sich bei den leichtathletischen Sprungdisziplinen seit den 30er Jahren vollzogen hat.*

Kampfrichter *Lothar Jeck verstand es vortrefflich, das ‹Umfeld› in seine Bilder einzubeziehen. Wohl stehen bei den beiden Aufnahmen die Weitspringer im Mittelpunkt, doch auch den kritischen Kampfrichtern und den unerlässlichen Funktionären und Helfern wird die gebührende Beachtung geschenkt. Um 1930.*

Wettlauf *Jeder Start zu einem Rennen ist spannungsgeladen. Meisterhaft gibt das Bild mit dem Startschuss diese Atmosphäre wieder. Um 1930.*

Paul Martin *Der 18fache Schweizer-Meister im 400- bis 1500-m-Lauf beim Start. Dr. Martin nahm zwischen 1920 und 1936 an fünf Olympischen Spielen teil. Basel, 1930.*

Stafette *Der Siegeswillen des Menschen wird zur Zerreissprobe für Muskeln und Sehnen. Um 1930.*

Stabübergabe *Die Staffel-Wettbewerbe bilden Höhepunkte der Leichtathletik-Meetings. Der Fotograf benutzte hier die Technik des ‹Kameraschwenks›, des Mitziehens der Kamera, um dem Bild Dynamik zu verleihen. Um 1930.*

Hürden *Um sich nicht zu verletzen, mussten die Athleten die massiv gebauten, stabilen Hindernisse hoch überspringen. Um 1930.*

Alles stabil *Nur um 0,6 Sekunden wurde der Weltrekord über die 110-Meter-Hürdendistanz zwischen den Jahren 1920 und 1934 verbessert, ein Zeichen dafür, dass es in diesem Zeitraum kaum technische Neuerungen gab. Um 1930.*

Zieleinlauf *Der 100-Meter-Final im Dreiländerkampf zwischen Deutschland, Frankreich und der Schweiz im Stadion des Basler Sportclubs Old Boys auf der Schützenmatte 1930. Die Laufbahn bestand aus Schlacke, die Markierungen aus Kreidemehl.*

Kranzverleihung *Eine schon in der Antike gepflegte Form der Ehrung ist die Kranzverleihung. In ‹demütiger› Haltung lässt sich der Sieger von der Ehrendame in jungfräulichem Weiss bekränzen. Um 1935.*

Triumphzug *Sonntäglich herausgeputzt ziehen die Verehrer mit ihrem Helden durch die Strassen. Um 1928.* ▶

Olympische Spiele Berlin 1936

Entgegen dem Grundsatz, Sport solle nichts mit Politik zu tun haben, gerieten die Olympischen Sommerspiele in Berlin 1936 zu einer gewaltigen politischen Machtdemonstration. Der Beschluss, die Spiele der XI. Olympiade nach Berlin und Garmisch-Partenkirchen zu vergeben, war vom IOC, dem Internationalen Olympischen Comité, 1931 auf seinem Kongress in Barcelona gefasst worden, da Deutschland ‹an der Reihe war›. Doch ein anderes Deutschland als dasjenige, das die Spiele zugesprochen erhalten hatte, führte sie durch. Hitler griff die Gelegenheit beim Schopf und funktionierte was friedlicher Wettkampf sein sollte kurzerhand zu einer monströsen Werbekampagne für den Nationalsozialismus um.

Unter den wenigen Schweizer Medienleuten, die bei der Propagandaschau im Berliner Olympiastadion zugegen waren, befand sich auch Lothar Jeck. Er war dabei, als das Olympische Feuer im Stadion eintraf – von 3 075 Fackelläufern über gleich viele Kilometer vom einst heiligen Hain in Olympia in die deutsche Metropole getragen. Er hielt im Bild fest, wie Hitler zusammen mit IOC-Präsident Baillet-Latour und dem deutschen NOK-Präsidenten Lewald zur Eröffnungsfeier auf den Rasen des Stadions marschiert, fotografierte den Einzug der Schweizerdelegation ins Rund der Arena und dokumentierte, wie die Spiele für politische Zwecke missbraucht wurden.

Es brennt *Das friedliche Olympische Feuer – in einer Stafette vom ‹heiligen Hain› in Olympia nach Berlin getragen – lodert in der deutschen Metropole. Für den Fotografen war es kein leichtes, im riesigen Olympiastadion immer zur rechten Zeit am rechten Ort zu sein.*

Eröffnungsfeier *Einzug der Schweizerdelegation ins Berliner Olympiastadion.*

Die Honoratioren *Deutschlands Führer Adolf Hitler, begleitet von Graf Baillet-Latour, dem Präsidenten des Internationalen Olympischen Comités, und dem deutschen NOK-Präsidenten Lewald, betritt den Rasen des Olympiastadions.*

«Sieg, Heil!» *Lothar Jeck war Augenzeuge, wie der Grundsatz, bei Olympischen Spielen Politik und Sport zu trennen, 1936 in den Wind geschlagen wurde.*

▶

Nationale Spiele

Es gibt Sportarten, in denen altes Brauchtum weiterlebt und im Geiste hochgehalten wird, auch wenn sie sich der Zeit anpassen. In der Schweiz sind es die ‹nationalen Spiele› Hornussen und Schwingen. Wie der Name sagt, waren sie ursprünglich eher Spiel als Sport. Inzwischen sind die Wettkämpfe härter geworden, und wer sich nicht in intensivem Training vorbereitet, hat keine Chance mehr.

Wer heute übers Land fährt und auf einem frisch gemähten Feld Hornusser-Gesellschaften am Werk sieht, dem stechen die mit der Natur kontrastierenden modernen Schutzhelme ins Auge, mit denen sich das zum Abtun im Ries stehende Team schützt. Früher waren die Mannen barhaupt oder trugen höchstens einen einfachen Hut – und es kam schon hin und wieder vor, dass einem von ihnen die ‹Nuos› auf den Kopf fiel.

Schon eher in Gotthelfs Zeiten zurückversetzt fühlen kann man sich noch beim Betrachten der an Schwing- und Älplerfesten durchgeführten Wettkämpfe. Nach wie vor treten beim Schwingen die Sennen gegen die Turner an, nach wie vor (fast) im selben Tenue: den langen Beinkleidern unter den traditionellen Schwingerhosen aus Zwilch, darüber ein währschaftes Barchent-Hemd in allen Schattierungen der Farbe Blau bei den Sennen, ein weisses T-Shirt – früher noch ein gewöhnliches Leibchen – bei den Turnern. Beim Schuhwerk dominieren heute allerdings die allseits bekannten Marken, von jenen mit den drei Streifen bis hin zu dem, was gerade ‹in› ist. Doch die Schwinger schwingen immer noch im Sägemehl-Ring, die Kampfrichter verlassen sich wie ihre Altväter auf ihr Augenmass – und auch das Publikum ist heute mitnichten weniger fachkundig als zu Lothar Jecks Zeiten.

Hornussen *Eine der wichtigsten Rollen im Spiel der Hornusser kommt dem ‹Schläger› zu. Er hat die Aufgabe, die ‹Nuss› so weit und so hoch wie möglich ins ‹Ries› zu schlagen. An einem Fest winkt dem Besten der Schläger sogar ein ‹Königstitel›. Um 1930.*

Der Schläger *Auf den ersten Blick könnte diese Aufnahme vom Hornussen durchaus aktuell sein. Doch sie entstand 1933. Aus dem ‹Spiel› ist inzwischen fast schon Spitzensport geworden: Technik, Taktik und athletische Stärke dominieren heute das Geschehen.*

Die Abtuer *Heutzutage würde es kein ‹Abtuer› mehr wagen, mit Hut oder blossem Kopf im Ries zu stehen; sie tragen alle Schutzhelme. Als dieses Bild entstand, ging auch der Fotograf das Risiko ein, die ‹Nuos› an den Kopf zu bekommen, kehrte er doch dem ‹Geschoss› den Rücken zu. Um 1930.*

Ringen *Gestellte und konstruierte Aufnahme zur informativen Illustration von Griffen und Würfen: Weltmeister Gottfried Grüneisen zeigt im Dezember 1936 im Küchlin-Theater in Basel am deutschen Meister Kowalski, wie ein Gegner mit dem ‹Ausheber aus dem Stand› auf die Schultern gezwungen werden kann.*

Kritische Situation *Im ‹Doppelnelson› gefangen, läuft der Gegner Gefahr, seitwärts in die Schulterlage abgewälzt zu werden.*

Schwingen *Die Sennen Hans Roth (Oberburg) und Hans Mühlemann (Kirchberg) beim Schlussgang am Eidgenössischen Schwing- und Älplerfest 1929 in Basel. Mit einem Sieg und der Punktzahl 77.75 wurde Hans Roth Schwingfestsieger und Schwingerkönig.*

Typisch schweizerisch *Das Schwingen ist wohl der ursprünglichste Nationalsport der Schweizer, es findet weltweit keine Nachahmer. Augenfälligster Unterschied zum olympischen Ringen sind die kurzen Schwingerhosen, an denen die Kämpfer ‹Griff fassen›. Unter den wachsamen Blicken des gestrengen Kampfgerichtes kommt es hier zum entscheidenden Schwung im Kampf zweier ‹Bösen›, wie die Schwinger im Sportjargon oft genannt werden. Um 1929.*

Gleichgewicht *Ein fotografisches Musterbeispiel, wie ein Gleichgewicht zwischen Bewegung und Ruhe hergestellt werden kann, indem man das Umfeld, hier die Zuschauer und Wertungsrichter, ins Bild einbezieht. Um 1929.* ▶

Pferdesport

Wohl kein Tier hat der Mensch je in so vielfältiger Weise in seine Dienste genommen wie das Pferd: zur Arbeit, als Transportmittel, zum Zeitvertreib, für Kampf und Spiel, für künstlerische Darbietungen, zu Repräsentations- und zu therapeutischen Zwecken. Es ist auch das einzige Tier, das uneingeschränkt sowohl im Breiten- wie im Hochleistungssport eingesetzt wird. Und als einziges kann es für sich das Prädikat ‹olympisch› in Anspruch nehmen.

Sportlich gesehen sind Reiter und Pferd Individuen; im Wettkampf jedoch sind sie ein Team und werden als Einheit gewertet. Einheitlichkeit herrscht beim Pferdesport auch hinsichtlich Mann und Frau. Sie treten miteinander zum gleichen Wettstreit an und werden nach denselben Kriterien bemessen: beim Galopp und beim Trabrennen, bei Dressurprüfungen und Fahrturnieren. Dies wohl deshalb, weil Erfolg beim Pferdesport nicht allein von menschlicher Muskelkraft abhängt. Entscheidend ist die Fähigkeit, die im Tier schlummernden Möglichkeiten durch Einfühlungsvermögen und Intelligenz zur Entfaltung zu bringen.

Die Schönheit der Harmonie zwischen Wille und Kraft, zwischen Mensch und Tier mag auch der Grund sein, warum im Zirkus die Hohe Schule der Reitkunst den sensationellsten und wagemutigsten Nummern zum Trotz über alle Zeiten hinweg eine der grössten Attraktionen geblieben ist.

Das Team *Ross und Reiter vor einem Zirkuszelt, um 1928. Die Aufnahme zeigt, wie bei den damals üblichen grossformatigen Kameras das Bild mittels des Rahmensuchers so komponiert wurde, dass es formatfüllend wirkte.*

Fuchsjagd *Sport kann auch Spiel und gesellschaftliches Ereignis sein, wie beispielsweise diese ‹Fuchsjagd›, bei der ein vorauseilender Reiter verfolgt wird. 1928.*

Standortwahl *Für diese Aufnahme musste der Fotograf eine Stelle finden, von wo aus er die ganze voranstürmende Reiterschar aufs Bild bannen konnte. 1928.*

Apfelhauet *Zu einem Apfelhauet gehörte meist auch ein sogenanntes Geschicklichkeitsspringen. Ein gelungenes Bild von 1935 in Sissach.*

Der spannungsgeladene Augenblick *Die Tradition des ‹Apfelhauet› geht auf das Ringelstechen zurück, mit dem sich die Schweizer Bürgerschaft schon im 16./17. Jahrhundert vergnügte. Der Brauch hat sich bis in unsere Tage erhalten und wird im basellandschaftlichen Biel-Benken beispielsweise noch heute in ähnlicher Form durchgeführt wie um 1930, als diese Aufnahme entstand.*

Trabrennen *Das Dokument vom Trabrennen 1935 im Aarauer Schachen zeigt, dass es schon mit damaligen Mitteln möglich war, Dynamik ins Bild zu bringen: Durch das Mitziehen der Kamera wurden der Boden und der Hintergrund unscharf, das Trabergespann hingegen tritt klar und deutlich in Erscheinung.*

Springreiten *Rolleiflex Zeiss Tessar f 1:35, Blende 5,6, 1/500 Sekunde, sind die technischen Daten zu dieser Aufnahme, die 1944 anlässlich eines Concours hippique auf dem Basler Schänzli entstanden ist.*

Vorausgeahnt *Mit der schwerfälligen Plattenkamera Contessa Nettel 13 x 18 Zentimeter standen Lothar Jeck für eine Reportage nur eine sehr beschränkte Anzahl Aufnahmen zur Verfügung. Da brauchte es schon fast einen siebten Sinn, um die spannendsten Augenblicke im Bild festzuhalten. Um 1926.*

Nicht halb so schlimm *Stürze von Ross und Reiter sehen meist schlimmer aus, als sie sind. Auch in diesem Fall haben sich weder Mensch noch Tier verletzt, dem Fotografen hingegen ist ein spektakuläres Bild gelungen. Um 1926.*

Es war einmal *Ein Bild, das an Zinnsoldatenspiel erinnert und nostalgische Gefühle erweckt: Militärisches Feld-Reiten für Gefreite und Soldaten, wie es 1935 noch um den ‹Preis von der Birs› im Basler Schänzli abgehalten wurde, gibt es nicht mehr.* ▶

Wehrsport

Die Fotografien dieses Buches sind entstanden in den Jahren 1918 bis 1948. Ein knappes Jahrzehnt davon fällt in eine Zeit, wo Sport für die einen nur Mittel zum Zweck körperlicher Ertüchtigung zur Erhöhung der Wehrfähigkeit, für die anderen Ablenkung von den drückenden Sorgen und Ängsten des Alltags bedeuten konnte. Die Geschehnisse rund um den Zweiten Weltkrieg absorbierten alle Kräfte und wirkten sich auf alle Lebensbereiche aus.

In den Kriegsjahren ruhte der friedliche internationale Wettkampf vollständig, und in der Schweiz wurden nur noch ganz wenige reguläre Landesmeisterschaften ausgetragen. Es dominierten die Sportarten des modernen Fünfkampfs: Reiten, Schiessen, Schwimmen, Fechten und Geländelauf.

Das Titelblatt der Schweizer Illustrierten Zeitung vom September 1941 zeigte den Sieger im modernen Fünfkampf der Schweizer. Armee-Meisterschaften, in Stahlhelm und Uniform, mit ernstem Gesicht. Darunter war der Kommentar zu lesen: «Von der Erkenntnis ausgehend, dass eine Armee nur dann auf der Höhe steht, wenn sie ausser im Gebrauch der Waffen auch körperlich vollständig durchgebildet ist, wird dem seriösen Körpertraining auch in unserer Armee grösste Aufmerksamkeit geschenkt ...»

Kampfbahn *Das Bezwingen der glatten Zwei-Meter-Wand ist für die Wettkämpfer eine besonders schwierige Aufgabe. Für die Zuschauer an den 5. Armee-Meisterschaften im September 1941 in Basel war es offensichtlich eine Attraktion. Eine glänzende fotografische Gestaltung der vertikalen und horizontalen Bildelemente.*

Licht und Schatten *Zu den Disziplinen an Armee-Meisterschaften zählte auch das supponierte Handgranatenwerfen. 1941.*

Körperertüchtigung *Das Kriechen im Schützengraben als ‹sportliche Betätigung›. Armee-Meisterschaften September 1941 in Basel.*

Weitsprung für den Ernstfall *Zum Hindernislauf gehörte der Sprung über die Mitte eines mit Wasser gefüllten Granattrichters von 3 Meter Durchmesser. Basel, September 1941.*

Schiessen *Kurz vor Ausbruch des Zweiten Weltkrieges wurden im Juni 1939 auf der Luzerner Allmend noch Weltmeisterschaften im Schiessen ausgetragen – mit einem simplen Taschentuch als Blendschutz …*

Im Visier *Lothar Jeck hatte die Schweizer Schützen 1930 an die Weltmeisterschaften in Amsterdam und 1931 nach Lemberg begleitet – manchmal eine akustische Tortur, denn noch standen bloss Wattenbäusche als Gehörschutz zur Verfügung.*

Fechten *Eine von Lothar Jecks ersten Blitzlichtaufnahmen entstand 1927 im Basler Fechtsaal. Das aus zwei Komponenten bestehende Blitzpulver wurde in einen Behälter gegeben und durch einen Funkenwurf zur Explosion gebracht. Ein heikles Unterfangen.*

Open-air *Fechten unter freiem Himmel, wie hier an den 5. Armee-Meisterschaften 1941 in Basel, gibt es nicht mehr. Heute werden die Klingen nur noch in Hallen, auf speziellen Pisten (Planches) gekreuzt.* ▶

Sommersport

Auch heute noch gibt es Sportvergnügen und -wettkämpfe, die nur im Freien statthaben können. Meist sind sie an eine Jahreszeit gebunden und zudem vom Wetter abhängig. Dies galt früher noch für viele Sportarten, die inzwischen dank beheizten Hallen und monumentalen städtischen Sportbauten das ganze Jahr über ausgeübt werden können.

Zu den früher reinen Schönwetter- und Sommersportarten gehörte Tennis. Man spielte, oft im eigenen Privatpark, ausschliesslich auf sorgfältig angelegten Sandplätzen, die einer aufwendigen Pflege bedurften. Regen machte dem Vergnügen ein abruptes Ende, denn der Belag weichte auf, die Bälle sogen sich mit Wasser voll und die mit Darmsaiten bespannten Holzrackets liefen Gefahr, sich zu verziehen.

Anders als das elitäre Spiel mit dem weissen Ball, das sich nur wenige betuchte Leute leisten konnten, standen die Sommerfreuden rund ums Wasser allen Bevölkerungskreisen offen. Den Baslern bot sich reiche Gelegenheit zu Sport und Spiel an Rhein, Birs und Wiese, aber auch bereits ab 1911 im Gartenbad Eglisee, wo für den Spitzensport ebenso vorgesorgt war wie für das reine ‹dolce far niente›.

Tennis *Das Spiel mit dem Filzball war zu Beginn der dreissiger Jahre nicht nur eine recht elitäre Angelegenheit, sondern auch ein reiner Schönwettersport. Um 1928.*

In Weiss, bitte *Farbe erhielt nur sehr zögerlich Zutritt zum Tennisplatz. Noch bis vor nicht allzu langer Zeit war blütenweisse Kleidung absolutes Gebot. Um 1928.*

Dynamik *Während die Damen Grazie und Anmut gross schrieben, setzten die Herren auf Kraft und Dynamik. Um 1928.*

Wassersport *Pontoniere in Wartestellung vor Fähre, Paddlern und Wasserfahrern im Gegenlicht; darüber der Fischergalgen (‹Salmenwaage›), mit dem 1940 noch recht gute Erträge erzielt werden konnten. Jeder Bildzentimeter dieser Aufnahme vom Wassersport auf dem Rhein in Basel ist mit Informationsgehalt gefüllt.*

In Stein gemeisselt *Mit dieser Aufnahme vom 12. Eidgenössischen Pontonier-Wettfahren im August 1933 in Basel wurde der Fotograf einem Bildhauer gleich zum plastischen Gestalter.*

Alles schon dagewesen *‹New Games› wurden bereits 1937 im Basler Gartenbad Eglisee ‹gespielt›; geändert hat sich höchstens die Bademode.*

Hundstage *Dieser Aufnahme, die 1937 im Basler Gartenbad Eglisee entstanden ist, sei der damalige Originalbildtext beigefügt: «Wenn das Thermometer steigt / und so gegen 30 zeigt / ist das nahe Wochenende / eine wahre Götterspende. / Sonntags findet gross und klein / früh schon sich am Bahnhof ein / und begibt sich schleunigst fort, / nach dem nächsten Badeort. / Ausser Fluss- und Seegestaden, / die zu kühlem Bade laden, / gibt es heute meistenorts / Stätten frohen Badesports: / Arme Gegend, arme Stadt, / welche noch kein Strandbad hat.» Die Basler hatten's …*

Zwischen Himmel und Erde *Dieses stimmungsvolle Bild mit dem alten Oltener Kirchturm stammt von den Schweizer Schwimm-Meisterschaften 1940 und zeigt Benno Walliser, Olten, bei seiner Vorführung im Kunstspringen.*

‹Jeder Schwimmer ein Lebensretter› *So lautete der Slogan einer Kampagne, mit der die Schweizerische Lebensrettungsgesellschaft für Rettungsschwimmkurse warb. Diese Demonstration des ‹Kopfgriffes› wurde aufgenommen im Juni 1935 im Basler Hallenschwimmbad Rialto.*

Bild ohne Worte. *Um 1935.* ▶

Spielsport

Keine Sportart zieht weltweit so viele Menschen in ihren Bann wie der Fussball. Der Internationale Fussball-Verband zählt mehr Mitglieder als die Vereinten Nationen. Und rechnet man all die Amateure und Zuschauermassen hinzu, so schlägt die Anziehungskraft dieses Spiels alle Rekorde.

Mit einer Aufnahme vom Fussball begann auch Lothar Jecks Karriere als Fotoreporter. Der als Titelbild dieses Buches gewählte Schnappschuss von 1918 war sein erstes publiziertes Bild, dem dann im Laufe der Jahre unzählige weitere spannende Dokumente folgten. Jeck war aber nicht nur Sportreporter – wie es dieser Band Glauben machen könnte, der nur einen kleinen, thematisch abgegrenzten Ausschnitt aus seinem Schaffen zeigt –, er interessierte sich für alles, was ihm im täglichen Leben begegnete. Und es war immer der Mensch, der für ihn im Mittelpunkt stand und dem er mit sensibler Offenheit ebenso wie mit respektvoller Zurückhaltung nachspürte – dies auch, wenn er sich dem Thema Sport zuwandte.

Hellwache Aufmerksamkeit für das Geschehen rund um sich erheischen auch die Mannschaftssportarten vom einzelnen Mitspieler. Sie setzen Gemeinschaftssinn voraus, verlangen und fördern die Fähigkeit, individuelles Können und persönliche Ambitionen in den Dienst eines grösseren Ganzen zu stellen, im wahrsten Sinne des Wortes: über sich selbst hinauszuwachsen. Gerade deshalb bleiben sie bei allem Ernst und höchster Konzentration auch immer Spiel: Spass, Freude – vom Fotografen mit feinem Spürsinn für den Betrachter eingefangen.

Fussball *Eine ‹Baustelle› als Zuschauertribüne – ein Bild, das heute undenkbar wäre. Ende der zwanziger Jahre, als die Wohnbauten rund um den Basler Landhof erstellt wurden, waren die Sicherheitsbestimmungen jedoch noch nicht so rigoros.*

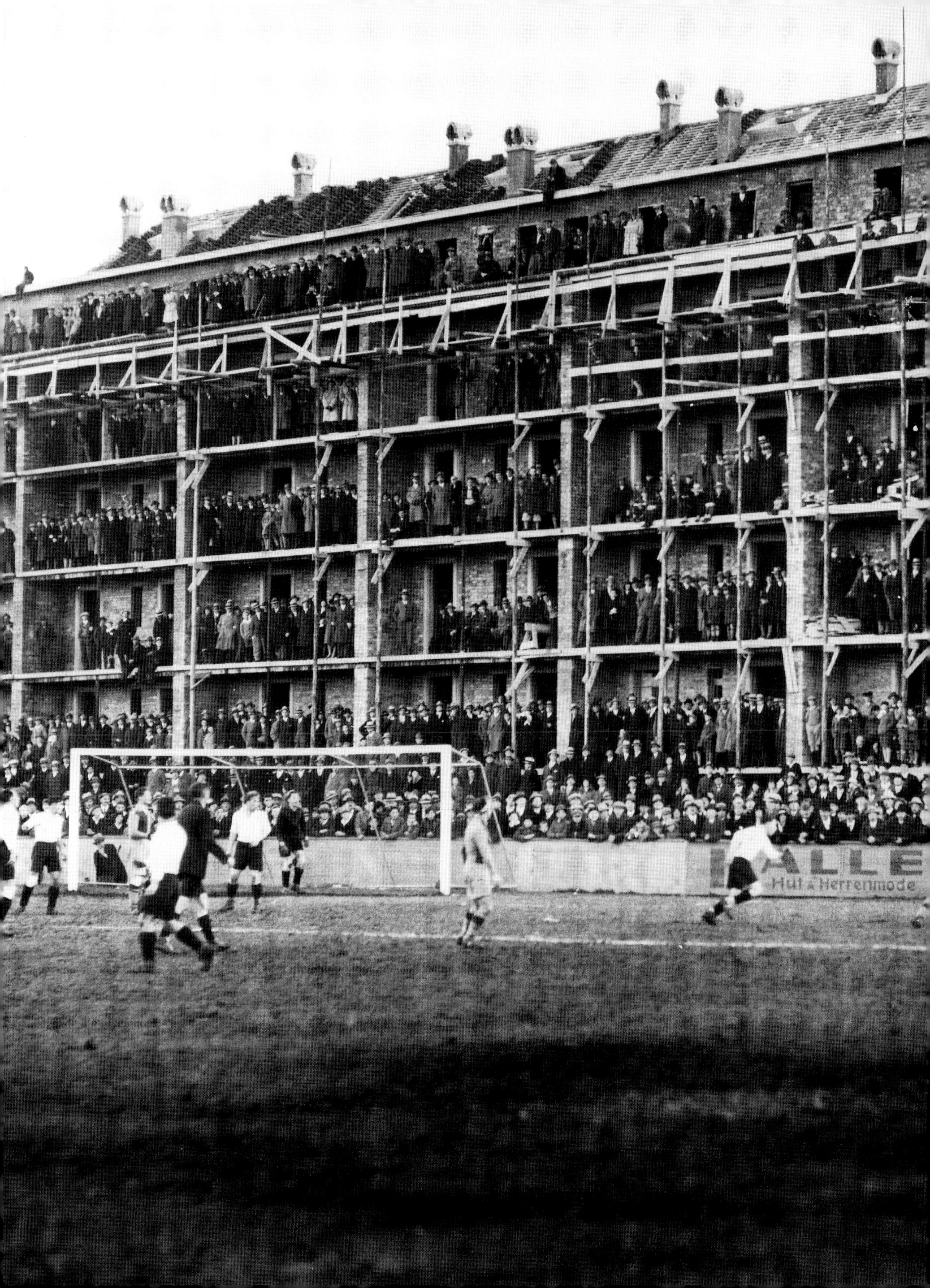
ALLE
Hut & Herrenmode

Wird's bald? *«Jetz wart y do scho stundelang – s git gwüss nyt, bevor y gang!»* lautete der Kommentar zu diesem Bild von 1934.

Fuss-Ballett *Zu dieser packenden Fussball-Aufnahme schrieben die Redaktoren der Schweizer Illustrierten Zeitung unter dem Titel ‹Ein Ball, 22 Mann, 20 000 Enthusiasten›: «Der Gooli wirft im Sprung drei Männer um, ein vierter schiesst – Gool! rast das Publikum.» 1931.*

Sinn für den entscheidenden Moment *Ohne motorbetriebene Kamera, ohne Einrichtung für Mehrfachbelichtungen pro Sekunde gelangen dem Fotografen höchst dramatische Bilder. Um 1928.*

Wind und Wetter zum Trotz *Ob 1920 oder heute, der Fussball lockt die Massen – auch wenn's regnet – in die Stadien. Nur die Ansprüche sind gestiegen. Heute muss es die Champions League sein, damals genügten die Derbies zwischen Lokalrivalen, um Landhof oder Rankhof zu füllen.*

Ruhig Blut *Starke Nerven brauchte es, um ein solches Bild zu schiessen: auf den Auslöser zu drücken, wenn der Ball direkt auf die Kamera zufliegt. Hin und wieder gab es da schon eine blutige Nase oder einen defekten Fotoapparat. Um 1930.*

Der Sonntagsschuss *Das erste publizierte Bild Lothar Jecks war gleich diesem eine Goalkeeper-Aufnahme. Es gelingt nicht immer, den Ball so an den Torpfosten zu ‹kleben›. Der Fotograf benutzte während der Partie verbotenerweise das Spielfeld als Arbeitsgebiet, was heute undenkbar wäre.*

Radball auf Rasen *Heute zählt das Spiel mit Fahrrad und Ball zu den Saal-Sportarten. Die um 1933 entstandene Aufnahme dokumentiert Vergangenheit.*

Rollhockey *Im November 1933 war Rollhockey etwas Neues für die Schweizer Sportgemeinde. Die Dynamik dieser Aufnahme, die auf einem Rink in Madretsch bei Biel entstand und eine Szene aus einem Spiel zwischen den Teams von Montreux und Stuttgart zeigt, erzielte der Fotograf, indem er das Bild aus der ‹Froschperspektive› schoss.*

Landhockey *Die Bilder von den verschiedenen Hockey-Sportarten vermitteln nicht nur Szenen aus dem Spielgeschehen, sondern auch die Freude und den Spass, den Sport bereiten kann. Aufnahme von 1926.*

Ausfallschritt *Bei dieser Abwehraktion des Landhockey-Goalies auf der Basler Schützenmatte stellte der Fotograf sein Können unter Beweis, das Bildformat bis auf den letzten Quadratzentimeter der Aufnahme auszunützen. Um 1930.*

Hoher Besuch *Oberstkorpskommandant Henri Guisan begrüsst am 5. März 1939 auf der Basler Kunsteisbahn die zum Kampf um den Europameistertitel angetretenen Mannschaften. Vor mehr als 15 000 Zuschauern errangen die Schweizer mit 2:0 Toren den Sieg über die Tschechoslowaken und wurden Europameister. Ein halbes Jahr später war Guisan General und die Eishockeyspieler Soldaten. – Heute wären sie von einer ganzen Schar von Fotografen umringt, damals gab es nur wenige Fotoreporter, darunter der Schwager von Lothar Jeck, Otto Wyss, der hier im Bild etwa gleich ausgerüstet ist wie er: mit einer Rolleiflex in der Hand und einer Kleinbildkamera am Halsband.* ▶

Wintersport

Bis in die dreissiger Jahre mussten die Basler ihrer Stadt den Rücken kehren, wollten sie an Wintersport teilhaben. Erst 1934, als im Margarethenpark die Kunsteisbahn, damals eine der grössten Europas, ihren Betrieb aufnahm, bot sich ihnen auch am Rheinknie dazu Gelegenheit. 1939 fanden auf der ‹Kunschti› sogar Spiele der Eishockey-Welt- und Europameisterschaften statt: 25 Partien wurden ausgetragen, vor insgesamt nicht weniger als 96 000 Zuschauern. Höhepunkt bildete die Partie Schweiz – Tschechoslowakei um den Europameister-Titel. Vor einem Publikum von mehr als 15 000 Personen gewann die Schweiz mit 2:0 Toren. Ein Jahr später fand ein Länderspiel gegen Ungarn statt, dem – wie die Medien damals berichteten – nebst 14 000 Zuschauern auch «der oberste Heerführer unserer Armee» beiwohnte. General Henri Guisan, der ein Jahr zuvor anlässlich der Europameisterschaften die Spieler noch als Oberstkorpskommandant beglückwünscht hatte, liess es sich auch diesmal nicht nehmen, ihnen persönlich zum 11:1-Sieg zu gratulieren.

Für Lothar Jeck beschränkte sich Wintersport nicht auf die Basler Kunsteisbahn. Schon vorher hatte er in Reportagen über die verschiedensten in der Schweiz stattfindenden Anlässe berichtet, mit seinen Kameras alpine und nordische Wettkämpfe verfolgt, rassige Bobfahrten auf Platte oder Zelluloid gebannt und brillante Bilder vom Eissport komponiert. 1948 war er auch wieder bei den Olympischen Winterspielen dabei, die nach 1928 zum zweiten Mal in St. Moritz ausgetragen wurden. Sie waren ein hoffnungsvoller Neubeginn nach den Kriegsjahren. Zwei Veteranen von 1928 kamen zwanzig Jahre später erneut zu Medaillenehren: der Schweizer Eishockeyspieler Bibi Torriani, dem es auch vergönnt war, im Namen aller Teilnehmer den Olympischen Eid zu sprechen, und der Amerikaner John R. Heaton im Skeletonfahren.

Mit seinen Bildern von den Olympischen Winterspielen in St. Moritz 1948 – für die er zum ersten Mal ausschliesslich seine Kleinbildkamera verwendete – verabschiedete sich Lothar Jeck als Sportreporter von der Öffentlichkeit.

Bob *Zwanzig Jahre nach der Erstauflage fanden 1948 erneut in St. Moritz Olympische Winterspiele statt. In den Bob-Konkurrenzen auf der einheimischen Bahn galten die Schweizer Athleten als die grossen Favoriten. Sie konnten ihre Chance jedoch nur im Zweierbob wahrnehmen.*

Ski *Wer den Vergleich zwischen diesem Zieleinlauf und jenen der heutigen Weltcuprennen zieht, dem fährt sicher das geflügelte Wort von der ‹guten alten Zeit› durch den Sinn … Um 1938.*

Militärpatrouillenlauf *Bei dieser meisterhaften Bildkomposition von einer Veranstaltung von 1934 in Andermatt erscheint der Hauptakteur eingerahmt in die Silhouetten der Zuschauer. Im Moment der Aufnahme benützte er seine Stöcke als Bremse, eine Technik, die auch heute noch angewandt wird, wenn mit ‹Ballast›, in diesem Fall Rucksack und Waffe, gefahren wird.*

Skispringen *Anfang März 1929 fand in Arosa das 23. Grosse Skirennen und Skispringen der Schweiz statt. Gérard Vuillemier aus La Chaux-de-Fonds wurde zwar nur Zweiter im Springen, stellte aber mit einem Sprung über 56 Meter einen neuen Schanzenrekord auf.*

Gleichgewicht *Mit diesem Sprung sicherte sich der Grindelwaldner Adolf Rubi den Schweizermeister-Titel. Originallegende in der Schweizer Illustrierten Zeitung: «Der Sprung von der Schanze. Der ganze Körper schwebt sekundenlang in der Luft, jedes Glied, jeder Muskel ringt mit dem Gleichgewicht. Denn wenn sich die Vorlage in der entscheidenden Sekunde um ein weniges verändert – dann ist es um die Haltung des Springers geschehen.» Arosa 1929.*

Skigirls *«Eine ganze Beige fröhlicher Skigirls» erschien am 22. Januar 1930 als eines der Titelbilder der Schweizer Illustrierten Zeitung.*

Eiskunstlauf *Das Eislaufpaar zeichnet Schatten und Linien aufs Eis. Der Fotograf ‹malt› mit dem Gegenlicht. 1936.*

Eishockey *Eindrückliche Bildkomposition: Die Diagonale trennt Hell und Dunkel, scherenschnittartig treten die Eishockeyspieler hervor. Um 1935.*

‹Ni-Sturm› *Sie gehörten zu den ganz Grossen des Schweizer Eishockeys: Pic Cattini, Hans Cattini und Bibi Torriani, die zusammen den legendären ‹Ni-Sturm› bildeten und während Jahren die Zuschauer auf den Eisrinks begeisterten. Um 1940.*

Gefüllte Ränge *Bei den Länderspielen in der zweiten Hälfte der dreissiger Jahre erreichte die Zuschauermenge auf der Basler Kunsteisbahn im Margarethenpark häufig fünfstellige Zahlen. Ein Länderspiel gegen Deutschland lockte 1937 rund 12 000 Schaulustige an.*

Europameister *1939 fanden in Zürich und Basel Eishockey-Welt- und -Europameisterschaften statt. Kanada, der Lehrmeister im Eishockey, wurde Weltmeister, die Schweizer Mannschaft famoser Europameister. Aufnahme von einem Spiel auf der Basler Kunsteisbahn.*

Ablenkung *Während einer Veranstaltung im St. Moritzer Olympia-Eisstadion galt das Interesse der Zuschauer neben dem Turm mit dem Olympischen Feuer für kurze Zeit nicht mehr dem Eishockeyspiel, sondern dem vorbeifliegenden Flugzeug – und der Fotograf hat mit seiner Kleinbildkamera blitzschnell darauf reagiert.*

Eisschnellauf *Wollte der Fotograf Geschwindigkeit vermitteln, wählte er eine lange Belichtungszeit, nahm den Athleten ins Visier und folgte seiner Bewegung. Der Bildbetrachter zieht nun gleichsam selbst an den Zuschauern vorbei, die er ‹infolge des hohen Tempos› nur noch unscharf wahrnehmen kann. Olympische Winterspiele 1948 St. Moritz.*

Langlauf *Bei den ersten olympischen Wettkämpfen nach dem Krieg war die Bekleidung der nordischen Skiläufer noch ‹uniform› weiss, wie es die Wintersportnationen von ihren Armeen her kannten. Das Bild lässt trotz aktivem Inhalt an der Ruhe der winterlichen Schneelandschaft teilhaben, dank der Harmonie der drei wohlausgewogenen Bildebenen mit Filmer, Wettkämpfer und Hintergrund. Olympische Winterspiele 1948 St. Moritz.* ▶

Velorennsport

Unter den ersten Sportfotografien, die gegen Ende des letzten Jahrhunderts in Zeitungen und Zeitschriften erschienen, waren Aufnahmen vom Radsport. Das Zweirad faszinierte nicht nur als Freizeitvergnügen und für die meisten Menschen einziges erschwingliches Privatfahrzeug, es lockte die Bevölkerungsmassen auch zu den Rennveranstaltungen.

1927 entstand in Muttenz bei Basel die bald für ihren schnellen Holzbelag bekannte offene Radrennbahn, und 1930 wurde als grosse, weit über die Stadtgrenzen hinaus berühmte Attraktion in der Basler Mustermesse eine demontierbare Winterradrennbahn eingerichtet.

Schweizer Publikumsmagnet Nummer eins auf der Landstrasse war gleich bei ihrer ersten Durchführung die Tour de Suisse. Sie fand 1933 zum 50jährigen Bestehen des Schweizerischen Radfahrerbundes statt und führte über etwas mehr als 1200 Kilometer in fünf Etappen von Zürich aus über Davos, Luzern, Genf und Basel wieder an den Ausgangsort. Fast ganz auf sich selbst gestellt mussten sich die Helden der Landstrasse damals durch Wind und Wetter kämpfen; kein Mannschaftswagen mit Mechaniker und Ersatzfahrrädern begleitete sie. Holten sie sich auf den holprigen Naturstrassen einen Plattfuss, mussten sie den Schaden selbst beheben. Die Sportler schlangen sich Ersatzreifen um den Körper, führten eine Luftpumpe und das notwendige Werkzeug mit sich.

Zu Tausenden säumte das Publikum streckenweise den Parcours, scharte sich um Kontrollposten – wo die Fahrer mit ihrer Unterschrift bestätigen mussten, dass sie noch mit dabei waren – und harrte am Ziel der Ankunft der Helden. Noch konnte das Schauspiel nicht bequem im Fauteuil vor dem Fernseher genossen werden. Radio Beromünster allerdings war mit den Rennfahrern unterwegs und schickte die neuesten Neuigkeiten über den Äther.

Basler Winterbahn *Aus den Nähten platzte die Basler Winterbahn in der Mustermesse, wenn die ‹Nacht› anstand. Das Rennen startete um halb neun Uhr abends und dauerte acht Stunden. Da wandte sich der Blick der Zuschauer schon hin und wieder mal auch etwas anderem zu als dem Geschehen auf dem Oval. 1935.*

Blitzlichtaufnahmen *Spannung beim Rennstart in der Basler Mustermessehalle herrschte nicht nur bei den Akteuren und Zuschauern, sondern auch beim Fotografen und seinem Gehilfen. Blitzlichtaufnahmen waren voller Tücken, wie die auf Seite 16 wiedergegebene Episode zeigt. 1935.*

Weihnachts-Rennen *«25 Kilometer hinter Tandems, der eigentliche Höhepunkt der Weihnachtsmeetings. Oben der Schweizer Fahrer Bühler, der das Rennen in überragender Weise gewann …» So der Originaltext zur Reportage in der Schweizer Illustrierten Zeitung über das Weihnachts-Rennen und die Silvester-Américaine auf der Winterbahn in der Mustermesse Basel zum Jahreswechsel 1935/36.*

Rennbahn Muttenz *Bereits bei der Einweihung der offenen Rennbahn in Muttenz (BL) im Jahre 1927 kam das Publikum in den Genuss eines Steherrennens und konnte die imposanten Maschinen der Schrittmacher bewundern. Bemerkenswertes Detail: Produktewerbung auf einer Sportanlage hat Geschichte.*

Schrittmacher *Sie waren und sind die dominierenden Figuren bei den Steherrennen. Sie bestimmen Tempo und Taktik und führen ihre Schützlinge an der Rolle zu Sieg oder Niederlage. Um 1935.*

Überblick *Neun Jahre war sie der Stolz der Basler Radsportenthusiasten, die offene, als Holzkonstruktion erstellte Radrennbahn in Muttenz. Dort erlebten sie viele sportliche Höhepunkte. 1936 wurde die Bahn abgebrochen, auf ihrem Gelände frönen heute Fussballer ihrem Hobby. Um 1930.*

Schattenspiel *Geschickt spielte der Fotograf mit dem Schattenwurf der Sonne und ‹verdoppelte› die Zahl der Rennfahrer und Zuschauer. 1927.*

Rennbahn Zürich-Oerlikon *Gesunde Konkurrenz erwuchs der Basler Bahn durch jene in Oerlikon, wo der Schweizer Radfahrer-Bund 1933 vor viel Publikum sein 50-Jahr-Jubiläum mit besonders packenden Rennen feierte.*

Kameraschwenk *Vortreffliche Beispiele der Bilddynamisierung mittels Kameraschwenk sind die beiden Aufnahmen von der Oelikoner Rennbahn 1933, bei denen der Fotograf gleichzeitig das Sonnenlicht nutzte, um den ästhetischen Reiz des Bildes zu erhöhen.*

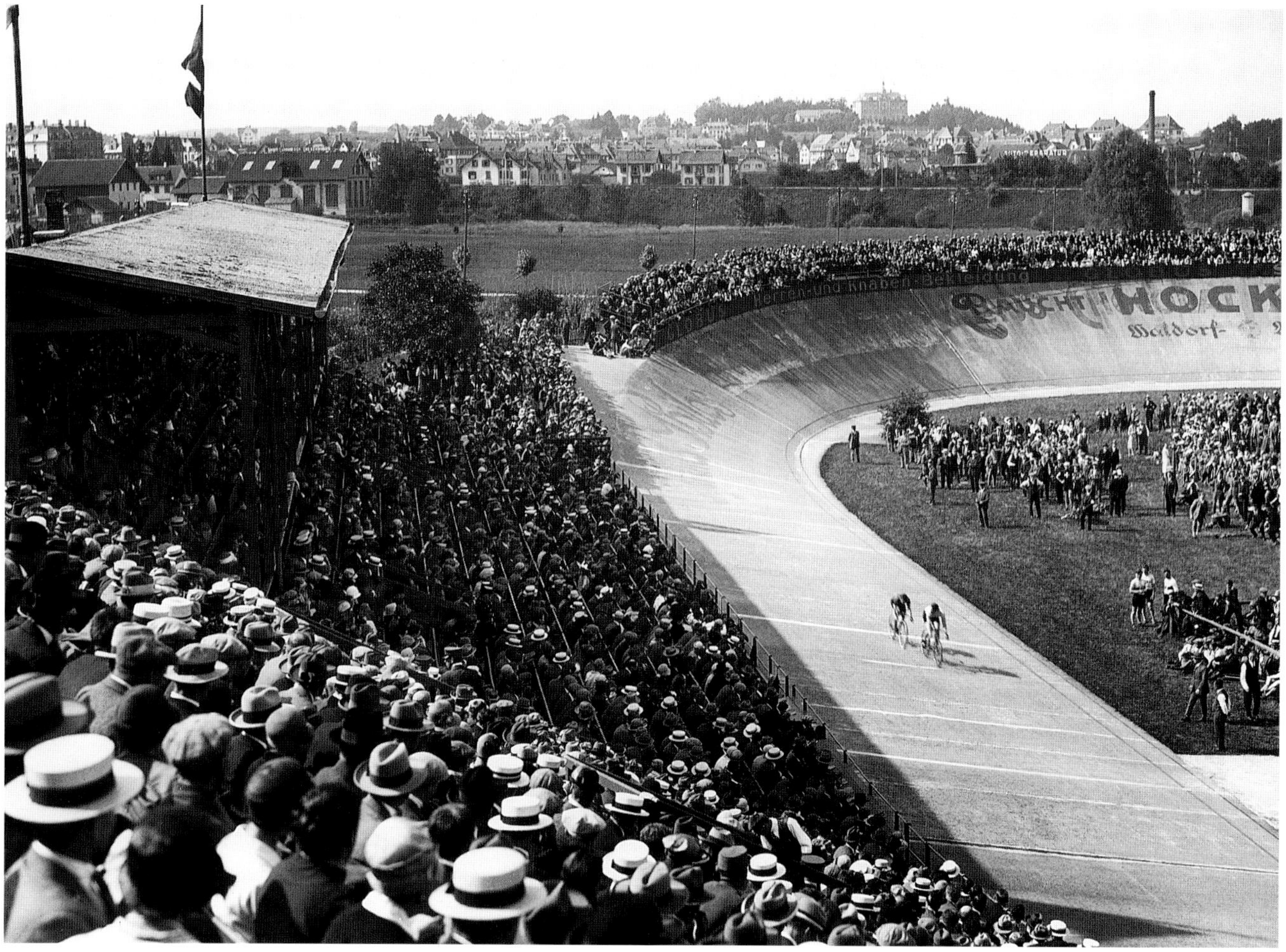

Tour de Suisse *Beliebter Zielort der Schweizer Landesrundfahrt war und ist die offene Rennbahn in Zürich-Oerlikon, wo sich die Zuschauer in Massen einfanden und bis zur Ankunft der ‹Gladiatoren› mit Rahmenrennen unterhalten wurden. Um 1930.*

Warten auf den Sieger *Schon von Beginn weg war die Tour de Suisse ein Ereignis für Direktübertragungen am Radio. In der Oerlikoner Radrennbahn ist alles bereit, um jedermann und -frau am spannenden Moment des Schlussspurts teilhaben zu lassen: die Mikrophone sind installiert, die Leitungen geschaltet – und das Bier steht bereit, um die Stimmbänder zu schmieren. Es fehlen nur noch die Rennfahrer. Hier ist es die Bildkomposition, die Aussage schafft. Um 1935.*

Helden der Landstrasse *«Kein Sportereignis, das auf Schweizer Boden in letzter Zeit durchgeführt wurde, hat in so hohem Masse die Aufmerksamkeit und Sympathie der breiten Volksmassen genossen, wie die vom 28. August bis 2. September anlässlich seines 50jährigen Jubiläums vom Schweizerischen Radfahrerbund durchgeführte erste Schweizerrundfahrt», hiess es 1933 in einem Bericht.*

Am Strassenrand *Wer in den dreissiger Jahren ein Strassenrennen live miterleben wollte, der musste sich an den Strassenrand begeben. Und er tat dies, auch wenn das sensationelle Erlebnis nur wenige Minuten dauerte. Für Schulkindern war das Ereignis doppelt so gross, denn sie konnten für kurze Zeit der Schulstube entrinnen. 1934.*

Selbst ist der Mann *Die erste Tour de Suisse führte 1933 noch über viele Naturstrassen. Schlaglöcher und Steine setzten den Fahrrädern arg zu und führten häufig zu Defekten, welche von den Athleten selbst und ohne fremde Hilfe behoben werden mussten. Es war ein Gebot der Klugheit, Ersatzreifen mit sich zu führen.*

Unterschriftenkontrolle *Im August 1934 wusste die Schweizer Illustrierte Zeitung zu dieser Aufnahme von der 2. Tour de Suisse zu berichten: «Die Spitzenreiter haben nach einer Etappe von 93 Kilometern die Kontrollstelle Rorschach erreicht. Sozusagen im Fluge kribbeln sie ihre Namen auf das Kontrollblatt, um eine Sekunde später wieder drauflos zu pedalen, was das Zeug hält. Der Sieger der ersten Etappe, Piemontesi, setzt seinen Namen auf das Papier. Hinter ihm steht der Spanier Prior, der als Dritter das Etappenziel Davos erreichte. Geyer, der unverwüstliche Vertreter Deutschlands und zweiter Etappensieger, ist in der Hast gestürzt.» Darunter stand, wie damals bei jeder Reportage üblich, die ‹Firmenbezeichnung› des Bildautors: «Spezialaufnahme von Photo-Jeck Basel».*

Leiden am Berg *Radrennen ist auch heute noch eine der härtesten Sportarten. Viele Stunden lang müssen sich die Athleten mit gleichbleibender Ausdauer und höchster Aufmerksamkeit über nichtendenwollende Strassen kämpfen, ob's regnet, schneit oder die Sonne heiss vom Himmel brennt.*

Bergpreis *Sie sind die ‹Könige› im Feld, jene Radathleten, welche die Berge am leichtesten bezwingen. In der Gründerzeit der Tour de Suisse führte noch eine Schotterstrasse über den Splügen. 1935.*

Am Ziel *Was heute nur noch Radquerfeldein- und Mountain-Bike-Fahrer erdulden müssen, war früher für die Teilnehmer an der Tour de Suisse das tägliche Brot. Über und über mit Strassenkot bespritzt gelangten sie an die Zielankünfte. Davos 1934.*

Siegerfoto *Die Tour ist vorbei. Der Sieger wird gefeiert und von seinen Betreuern und Freunden auf den Schultern getragen. Der Fotograf schiesst das Siegerfoto, das tags darauf das Titelbild einer Illustrierten Zeitung zieren wird. Um 1935.*

Endlich kommen sie *Die Reporter stehen hinter der Ziellinie bereit, um den Endspurt der grossen Amateur-Kopfgruppe bei den Rad-Strassen-Meisterschaften 1929 in Zürich hautnah mitzuverfolgen. Der Fotograf lässt die Rennfahrer unter dem Zielband durch direkt auf sich zukommen. Durch die Wahl der Perspektive erreicht er die endlose Tiefe, aus der die Fahrer ins Bild treten.* ▶

Motorsport

Der Faszination der schnellen Boliden mit zwei, drei oder vier Rädern erliegt nicht erst unsere schnellebige Zeit. Pilgern heute die Schaulustigen zu Zehntausenden in Motodroms, so strömten sie zu Lothar Jecks Zeiten an den Rand von für den Alltagsverkehr gebauten, für den speziellen Anlass gesperrten Strassen, um am Geschwindigkeitsrausch teilhaben zu können.

1922 fand in der Schweiz als bedeutendstes Bergrennen Europas erstmals das Internationale ‹Klausenrennen› statt. Mit Sport- und Rennwagen, Motorrädern mit und ohne Seitenwagen gaben sich die Grössen des Rennsports ein Stelldichein, massen sich in Geschicklichkeit und Wagemut und testeten ihr Gefährt auf seine technische Tauglichkeit. 1929 erreichte der Franzose Chiron mit einem Bugatti eine Durchschnittsgeschwindigkeit von 77,210 Stundenkilometern und stellte damit den Klausenrekord für Rennwagen auf. Ebenso grosse Anziehungskraft wie das Bergrennen im Glarnerland übte der Grand-Prix-Kurs im Berner Bremgartenwald auf die Nervenkitzel suchenden Menschenmassen aus.

Attraktionen der Region Basel waren die Bergrennen von Dornach auf den Gempen und von Riehen über Bettingen auf die Chrischona, der Grand Prix de Bâle rund um den Badischen Bahnhof und der Grosse Preis der Mustermesse. Ausgetragen wurden sie fast ausschliesslich von vom Motorrad- und Autosport begeisterten Amateuren, zum Teil mit Alltagsfahrzeugen – und, der Wichtigkeit des Anlasses bewusst: in weissem Hemd und mit Krawatte.

Stilleben *Ende der zwanziger, Anfang der dreissiger Jahre war das Motorrad begehrtes Fortbewegungsmittel des kleinen Mannes. So ist es nicht verwunderlich, dass alle Veranstaltungen mit dem motorisierten Zweirad auf grosses Interesse stiessen. 1928.*

SCINTILLA
START

Start mit Ambiente *Bei diesem Bild vom Start eines Seitenwagenrennens in Olten hat der Fotograf nicht nur die Dynamik des Augenblicks, sondern auch das Spiel von Licht und Schatten herrlich eingefangen. 1935.*

Aerodynamik *Die Liegeposition des Beifahrers mag dazu beigetragen haben, dass der Deutsche Weyres das Rennen um den Grossen Preis der Schweiz für Motorräder 1933 für sich entschied. Als Novität fuhr er einen Seitenwagen mit flexiblem Rad.*

Hoch im Kurs *Über Mangel an Interesse konnten sich die Akteure der Stadtrennen rund um den Badischen Bahnhof nicht beklagen. Als Rennfahrer war man wer, trug Krawatte – und das Motorrad zierte eine imposante Hupe. Um 1928.*

Fast 100 Sachen *Im Strassendreieck Egliseestrasse–Schwarzwaldallee–Fasanenstrasse wurde das nationale Rundstreckenrennen für Motorräder um den ‹Grossen Preis der Mustermesse›, über 50 Runden mit total 137,500 km, ausgetragen. Der Sieger von 1933 brachte es auf ein Stundenmittel von 91,760 km. 1933.*

Achtung, stopp! *Um 1926 wurden die Zeiten beim Chrischonarennen noch mittels Chronometer und wachem Reflex gestoppt. Von Zielfilm und elektronischer Zeitmessung war noch längst nicht die Rede.*

Gladiatoren der Zwischenkriegszeit *Als es noch Rennen von Dornach hinauf nach Gempen gab, waren die Töff-Fahrer und ihre Begleiter im Seitenwagen die ‹Popstars› der Strasse. Sie lockten die Zuschauer zu Tausenden an den Strassenrand. Um 1926.*

Automobilrennen mit Beifahrer *Was heute – ausser im Rallyesport – undenkbar ist, bei den Gempen-Bergrennen Ende der zwanziger Jahre war es noch gang und gäbe. Die Mitfahrer waren nicht einfach Passagiere, sie mussten aktiv ins Geschehen eingreifen und dafür sorgen, dass die schweren Wagen schnell und glatt durch die Kurven kamen.*

Von nah und fern *Das bedeutendste Bergrennen der Zwischenkriegszeit war das von 1922 bis 1934 veranstaltete internationale ‹Klausenrennen› von Linthal auf den Klausenpass. Aus aller Herren Länder reisten die Zuschauer an und richteten sich bereits Stunden vor dem Rennen an den strategisch günstigsten Orten häuslich ein. 1930.*

Landschaftsfotografie *Sich im voraus ein Bild vorstellen zu können, einen Standort zu finden, der das sportliche Geschehen in seine Umgebung einbettet, war eines der Talente Lothar Jecks, für das er in der Fachwelt bekannt war. Oftmals beobachteten ihn seine Berufskollegen bei der Suche nach dem geeigneten Ort und gesellten sich dann zu ihm im Wissen, dass er mit seinem hochentwickelten ästhetischen Sinn und seiner Fähigkeit, eine Situation vorauszuahnen, die für eine ideale Bildkomposition beste Stelle ausgewählt hatte. Klausenrennen 1930.*

Crème de la crème *An den Klausenrennen gab es nicht nur die fähigsten Piloten, sondern auch die stärksten und schönsten Rennwagen zu bestaunen, wie diesen Achtzylinder-Mercedes. 1930.*

Serpentinen *Zur Faszination des Klausenrennens gehörte neben den Boliden und ihren wagemutigen Fahrern die äusserst kurvenreiche Strecke vom Urnerboden über die Vorfrutt hinauf zur Passhöhe. Sie stellte an die Fahrkunst der Piloten höchste Anforderungen. 1930.* ▶

Aviatik

Schon lange bevor zu Beginn des Jahrhunderts die ersten Flugzeuge den Luftraum zu erobern begannen, erhoben sich kühne Männer mit gasgefüllten Ballons weit über die Wolken und massen sich in internationalem Wettstreit. Der weltweit bekannteste wurde das Gordon Bennett-Wettfahren, das erstmals 1906 in Paris zur Austragung kam. Dreimal nahm es in der Schweiz seinen Ausgang, 1909 in Zürich, 1922 in Genf und 1932 in Basel. Am Start auf dem Gaswerk-Areal beim Voltaplatz waren 16 Ballons: aus den USA, Belgien, Deutschland, Frankreich, Österreich, Polen, Spanien und der Schweiz. Einen der Schweizer Ballons steuerte der spätere Basler Ständerat Eugen Dietschi. Er legte in diesem Rennen 1017 Kilometer zurück und landete schliesslich nach 22stündiger Fahrt südlich von Warschau.

Eugen Dietschi, der passionierte Ballonfahrer und Sportflieger, war auch erster Präsident der 1928 gegründeten Basler Sektion des Aero-Clubs der Schweiz, die auf dem ‹Sternenfeld› ihre Bleibe hatte. Auf Landschäftler Boden, zwischen Rhein und Birsfelden, richteten dort 1920 ein paar flugbegeisterte Basler eine einfache Rasenpiste her, und vier Jahre später wurde daraus der erste Basler Flugplatz. Der Aero-Club Basel widmete sich tatkräftig der Förderung der Sportfliegerei, organisierte Ballonaufstiege, bildete Motorpiloten und Segelflieger aus. 1931 gliederten sich die Segelflieger als Untergruppe dem Aero-Club Basel an und sobald nahm dieser Sport einen ungeahnten Aufschwung. 1932 starteten bereits 2 196 Segelflieger von Sternenfeld aus. Und dies auf noch recht abenteuerliche Weise: Ähnlich wie Kinder ihre Drachen steigen lassen, zog ein Auto das Flugzeug an einem Seil in die Luft.

Bis zum Ausbruch des Zweiten Weltkrieges herrschte auf dem Sternenfeld neben dem Passagier- und Frachtverkehr ein reger Sportbetrieb. Regelmässig fanden Veranstaltungen statt, die Tausende von Schaulustigen anzogen: Flugdemonstrationen aller Art, Geschwindigkeits- und Geschicklichkeitswettbewerbe, darunter die beliebte ‹Autavia›, an der sich sowohl Flugzeuge wie Autos beteiligten. Im Herbst 1939 nahm die Schweizer Armee den Flugplatz in Besitz: Bis zum Kriegsende blieb er für jeglichen zivilen Luftverkehr gesperrt.

Ballonwettfahren *Nicht gerade freundliches Wetter herrschte an der Schweizerischen Landesausstellung 1939 in Zürich beim Start zu einem internationalen Ballonwettfliegen. Dr. Eugen Dietschi, Basels nachmaliger Ständerat (Bildmitte), pilotierte die ‹Helvetia›, einen der Schweizer Ballons. Er schützte sich mit einem Hut vor den Regentropfen – der Fotograf musste sich in dieser heiklen Situation mit einem Taschentuch behelfen, um das Objektiv zu trocknen und Unschärfe zu vermeiden.*

Musikalischer Auftakt *Ballonwettfliegen waren immer auch gesellschaftliche Ereignisse, und oft begleiteten die Klänge einer Blasmusik die Besatzung bei ihrem Aufstieg in luftige Höhen, wie hier an der Landi 1939 in Zürich. Der Ballon ‹Helvetia› wurde damals unter zwanzig Konkurrenten Zweiter mit einer Fahrt von Zürich ins Säntisgebiet.*

Faszination *Wo immer sich Gelegenheit bot, das Schauspiel der in die Luft entschwebenden riesigen Gaskugeln mitzuerleben, stellten sich zahllose Zuschauer ein. Für diese Aufnahme auf dem Sternenfeld musste der Fotograf wohl auf das Dach eines Hangars geklettert sein, um die schöne Übersicht zu gewinnen. 1934.*

Gordon Bennet-Wettfahren *Dieser als ‹Olympiade› des Ballonwettsportes bezeichnete internationale Wettbewerb wurde am 25. September 1932 zum dritten Mal in der Schweiz gestartet, diesmal in Basel, vom Areal des alten Gaswerks. Interessiert verfolgen die Zuschauer, wie einer der Ballons startklar gemacht wird.*

Z'Basel an mym Rhi *16 Ballons aus acht Nationen nahmen 1932 am Gordon Bennet-Wettfahren teil, darunter der auf den Namen der Stadt am Rheinknie getaufte erste eigene Ballon des Aero-Clubs Basel mit Eugen Dietschi und Alex van Baerle an Bord. In einer 22stündigen Fahrt legte er 1017 Kilometer zurück und landete schliesslich ausserhalb der polnischen Stadt Warschau. Zum Startmanöver hatte die Fanfare die Basler ‹Hymne› ‹z'Basel an mym Rhi› ertönen lassen, und als sich der Ballon unter dem Jubel der Bevölkerung in die Luft erhob, begleiteten ihn die Klänge des ‹Rufst du, mein Vaterland›.*

Segelflug *In den Anfängen der Fliegerei bauten die Pioniere ihre Maschinen noch vorwiegend selbst. 1931 konstruierten sich auch ein paar junge Segelflieger auf dem Sternenfeld ihr eigenes Flugzeug und tauften es auf den Namen ‹Beppi›. Die bestandenen Männer des Aero-Club Basel waren fasziniert und nahmen sie sogleich als Segelflug-Gruppe in ihren Club auf. 1931.*

Flugtauglich *Dass der ‹Beppi› flugtauglich war, beweist diese Aufnahme. Er überfliegt hier gerade ‹seinen› Hangar auf dem Sternenfeld. 1932.*

Fallschirmspringen *Ann Fischer, eine der ersten Fallschirmspringerinnen der Schweiz, anlässlich einer Aviatikveranstaltung 1938.*

Motorflug *Sportflieger aus der ganzen Schweiz beteiligten sich an den Wettbewerben und Flugschauen auf dem ‹Basler› Flugplatz Sternenfeld. Flugmeetings waren immer auch Gelegenheit, sich über den Entwicklungsstand der Luftfahrt zu orientieren. Um 1937.*

Autavia *Zeit und Unendlichkeit scheinen sich in diesem Bild zu vereinen, mit dem Lothar Jeck die Stafettenübergabe eines ‹Häfeli›-Doppeldeckers dokumentiert. Sternenfeld, 1928.* ▶

591

4529 R

Lebensdaten

1898
Am 25. April wird Lothar Jeck in Basel geboren.

1905–1912
Schulen in Basel.

1913–1917
Erlernung des Fotografenhandwerks.

1918
Erste Publikation einer seiner Fotografien: ‹fliegender Goalie mit Ball›.

1919–1923
Tätigkeit in verschiedenen Ateliers.

1924
Eröffnung eines eigenen Fotogeschäfts am Spalenberg 26 gemeinsam mit seiner Frau Lily Dierks.

1939
Verlegung des Fotogeschäfts an die Gerbergasse 80.

1951
Eröffnung des Porträtstudios an der Falknerstrasse 33.

1971
Aufgabe der beruflichen Aktivitäten.

1983
Lothar Jeck stirbt 85jährig am 21. September.

Kurz nach seinem Tod findet im Basler Museum für Gestaltung die Ausstellung ‹Lothar Jeck 1898–1983 – ein Pionier der Reportagefotografie› statt. Im gleichen Jahr erscheint auch der Fotoband ‹Augenzeuge Lothar Jeck› von Hans-Peter Platz.

Dank

Wir möchten allen danken, die zum Gelingen dieses Buches beigetragen haben: dem Christoph Merian Verlag und seinem Leiter, Herrn Beat von Wartburg, sowie seinen Mitarbeiterinnen und Mitarbeitern, insbesondere Frau Sophia Müller, die mit grossem Einfühlungsvermögen die Kapiteleinführungen und Bildlegenden redaktionell betreute; Herrn Urs Dillier, der das Layout und den Buchumschlag gestaltete und die Fotolithos besorgte; Herrn Prof. Lutz Eichenberger, der in sporthistorischen Fragen beratend zur Seite stand; Herrn Bundesrat Adolf Ogi für sein Geleitwort; und nicht zuletzt Frau Verena Jeck, die den Freiraum schuf, damit die Fotografien noch einmal vergrössert und die historischen Bildvorlagen zusammengestellt werden konnten.

Rolf Jeck
Max Pusterla

… ebenfalls im Christoph Merian Verlag erschienen:

Im Licht der Dunkelkammer

Die Schweiz in Photographien des 19. Jahrhunderts
aus der Sammlung Herzog

Révélations de la chambre noire

La Suisse du XIXe siècle à travers les photographies
de la collection Herzog

Hg. Schweizerisches Landesmuseum Zürich.

Autorinnen und Autoren:
Ruth und Peter Herzog, Hanspeter Lanz,
Beatrix Mesmer, Rudolf Schnyder, Matthias Senn,
Beat von Wartburg.
Begleittexte: Andres Furger, David Streiff.

Die Publikation vermittelt ein faszinierendes, unbekanntes Bild der Schweiz im 19. Jahrhundert. 163 originalgetreu reproduzierte Abbildungen zeigen früheste Beispiele aus der Photographiegeschichte.

Inhalt: Die Schweiz im 19. Jahrhundert / Die Anfänge der Photographie in der Schweiz / Mensch und Umwelt / Staat und Gesellschaft /Wirtschaft, Wissenschaft und Technik / Arbeit und Freizeit / Popularisierung und Kunstanspruch.

Ausgezeichnet als eines
der schönsten
Schweizer Bücher 1994.

226 Seiten, Fr. 78.–
ISBN 3-85616-061-2
Gebunden, 163 z.T. farbige Abbildungen
dt./frz.